中国农业科学院智库报告

中国农业农村低碳发展报告
（2023）

REPORT ON LOW-CARBON AGRICULTURAL AND
RURAL DEVELOPMENT IN CHINA (2023)

中国农业科学院农业农村碳达峰碳中和研究中心
中国农业科学院农业环境与可持续发展研究所　编著

社会科学文献出版社
SOCIAL SCIENCES ACADEMIC PRESS (CHINA)

本书得到

本书得到中国农业科学院科技创新工程和中央级公益性科研院所基本科研业务费专项资助，特此致谢！

编著委员会

指导顾问：吴孔明　杨振海　张合成
主　　任：梅旭荣
副 主 任：赵立欣　董红敏　杨　鹏　王登山　林克剑
　　　　　　袁龙江　郝志强　郝卫平　高清竹
主 编 著：赵立欣　高清竹　韩　雪　马　欣　秦晓波
　　　　　　姚宗路　朱志平
编著人员：（按姓氏笔画排序）
　　　　　　丁　勇　丁武汉　于昭洋　王靖轩　牛坤玉
　　　　　　邓良伟　刘　刈　刘　静　刘赟青　许吟隆
　　　　　　李　虎　李　阔　李迎春　何明雄　张晴雯
　　　　　　陈明江　赵明月　赵新颖　胡志超　胡国铮
　　　　　　夏　旭　顾峰玮　常　春　常乃杰　崔思远
　　　　　　霍丽丽

前　言

习近平总书记在2021年中央农村工作会议上强调，2030年前实现碳排放达峰，2060年前实现碳中和，农业农村减排固碳既是重要举措，也是潜力所在，这方面要做好科学测算，制定可行方案，采取有力措施。党的二十大提出了"全面建设社会主义现代化国家，最艰巨最繁重的任务仍然在农村""坚持农业农村优先发展"。农业农村碳排放是基础性、生存性排放。在保障粮食和重要农产品稳定安全供给、保护生态环境、提升农村居民生活水平等前提下，推进农业农村绿色低碳转型，是农业农村现代化建设的重要方向，是全面推进乡村振兴战略的重要举措。

在农业农村部科技教育司和中国农业科学院的领导和支持下，中国农业科学院农业农村碳达峰碳中和研究中心牵头开展专题研究，组织撰写了《中国农业农村低碳发展报告（2023）》，全面总结了我国农业农村低碳发展现状，梳理了当前我国农业农村低碳发展面临的主要问题和挑战，明确了走向低碳未来的对策建议，最后列举了农业农村低碳发展的具体案例，以期为相关部门决策者、领域专家学者和广大读者提供借鉴和参考。

目 录

第一章 低碳发展战略与途径 ················ 1
 摘 要 ················ 1
 一 农业农村碳排放现状 ················ 2
  （一）中国碳排放现状 ················ 2
  （二）中国农业碳排放现状 ················ 5
 二 固碳减排探索与实践 ················ 10
  （一）国家政策保障 ················ 10
  （二）农业农村领域政策实施 ················ 12
 三 低碳发展战略 ················ 16
  （一）机遇与挑战 ················ 16
  （二）思路与目标 ················ 17
  （三）重大工程 ················ 18
  （四）保障措施 ················ 22

第二章 低碳发展评价与核算 ················ 25
 摘 要 ················ 25
 一 低碳发展评价 ················ 26
  （一）农业低碳评价体系 ················ 26
  （二）中国低碳农业评价 ················ 30
 二 核算方法 ················ 32
  （一）核算方法研究进展 ················ 32
  （二）种植业碳足迹核算方法 ················ 34
  （三）养殖业碳足迹核算方法 ················ 38
 三 水稻碳足迹 ················ 39

（一）研究区域和数据 ································· 39
　　（二）结果分析 ····································· 40
　　（三）结论 ··· 41
四　大豆碳足迹 ·· 43
　　（一）研究区域与数据 ······························· 43
　　（二）结果分析 ····································· 46
　　（三）结论和讨论 ··································· 51
五　马铃薯碳足迹 ······································ 51
　　（一）研究区域和数据 ······························· 52
　　（二）结果分析 ····································· 54
　　（三）结论 ··· 61
六　甘蔗碳足迹 ·· 61
　　（一）研究区域与数据 ······························· 62
　　（二）结果分析 ····································· 63
　　（三）结论和建议 ··································· 67
七　生猪碳足迹 ·· 67
　　（一）研究对象和数据来源 ··························· 67
　　（二）结果分析 ····································· 68
　　（三）结论 ··· 69

第三章　固碳减排技术与模式 ···························· 72
　摘　要 ·· 72
　一　种植业 ·· 73
　　（一）国内外研究进展 ······························· 73
　　（二）主要做法和成效 ······························· 76
　　（三）存在的问题和挑战 ····························· 79
　　（四）意见和建议 ··································· 79
　二　养殖业 ·· 80
　　（一）国内外研究进展 ······························· 80
　　（二）主要做法和成效 ······························· 81
　　（三）面临的问题与困难 ····························· 84
　　（四）意见和建议 ··································· 84

三 土壤固碳 …… 85
- （一）国内外进展 …… 86
- （二）主要措施和成效 …… 89
- （三）面临问题和困难 …… 94
- （四）未来建议 …… 94

四 可再生能源 …… 96
- （一）国内外研究现状 …… 96
- （二）主要做法和成效 …… 99
- （三）存在的问题和困难 …… 101
- （四）意见和建议 …… 102

五 农机渔机 …… 103
- （一）国内外研究进展 …… 104
- （二）主要做法和成效 …… 106
- （三）面临的问题和困难 …… 109
- （四）建议和意见 …… 110

六 气候韧性 …… 111
- （一）国内外研究进展 …… 112
- （二）主要做法与成效 …… 115
- （三）面临的问题与困难 …… 119
- （四）建议和意见 …… 120

第四章 低碳发展案例 …… 124
摘 要 …… 124

一 气候智慧型农业固碳减排模式 …… 125
- （一）案例实施的背景和地点 …… 125
- （二）案例开展的工作和采取的技术措施 …… 126
- （三）案例取得的主要成果 …… 128
- （四）案例总结 …… 130

二 茶叶碳中和路径探索案例 …… 131
- （一）案例实施的背景与地点 …… 131
- （二）案例采取的措施 …… 132
- （三）案例取得的主要成果 …… 136

（四）案例总结 …………………………………………………… 137
三　零碳利用的京安生物质能替代模式 …………………………… 138
　　（一）案例实施的背景和地点 …………………………………… 138
　　（二）案例开展的工作和采取的技术措施 …………………… 139
　　（三）案例取得的主要成果 …………………………………… 141
　　（四）案例总结 …………………………………………………… 142
四　草地管理碳交易案例 …………………………………………… 142
　　（一）案例实施的背景和地点 …………………………………… 142
　　（二）案例开展的工作和采取的技术措施 …………………… 143
　　（三）案例取得的主要成果 …………………………………… 147
　　（四）案例总结 …………………………………………………… 152
五　山东滨州"种养结合"减污降碳案例 ………………………… 152

图表目录

图 1-1　1994~2014 年我国历年碳排放总量 ·············· 4
图 1-2　2014 年我国碳排放领域构成 ·············· 4
图 1-3　1994~2014 年我国农业活动碳排放趋势 ·············· 6
图 1-4　2014 年我国农业活动碳排放构成 ·············· 6
图 1-5　中国农业甲烷排放现状和趋势 ·············· 7
图 1-6　中国农业氧化亚氮排放现状和趋势 ·············· 8
表 1-1　2014 年中美两国农业碳排放对比 ·············· 10
图 2-1　1961~2019 年中国农业碳排放量和粮食产量 ·············· 31
图 2-2　2019 年中国农业碳排放的构成比例 ·············· 32
图 2-3　2018 年我国各类型水稻单位产量碳排放强度 ·············· 42
图 2-4　2000~2020 年我国大豆种植面积、产量和单产 ·············· 45
图 2-5　2020 年各省份大豆种植化肥生产和施用过程直接及间接碳排放 ·············· 47
图 2-6　2020 年各省份大豆种植农药生产碳排放 ·············· 47
图 2-7　2020 年各省份大豆种植机械使用燃料耗能排放 ·············· 48
图 2-8　2020 年全国各省份大豆种植环节碳排放量 ·············· 48
图 2-9　2004~2020 年中国大豆生产碳足迹 ·············· 49
图 2-10　2020 年中国各省份大豆生产碳足迹 ·············· 49
图 2-11　2004~2020 年中国大豆单位产量碳排放强度 ·············· 50
图 2-12　2020 年中国各省份大豆单位产量碳排放强度 ·············· 50
图 2-13　1985~2020 中国马铃薯种植面积、总产量和单产变化情况 ·············· 52
图 2-14　2020 年全国各省份马铃薯单产情况 ·············· 53
图 2-15　2011~2020 年马铃薯单位产量和单位面积碳排放 ·············· 54

图 2-16	马铃薯碳排放时空变化	55
图 2-17	2020年马铃薯种植各环节碳排放构成	56
图 2-18	2020年各省份马铃薯种植化肥生产碳排放情况	56
图 2-19	2020年各省份马铃薯化肥施用的直接和间接碳排放情况	57
图 2-20	2020年各省份马铃薯种植农药、农膜生产碳排放情况	58
图 2-21	2020年各省份马铃薯种植使用柴油碳排放情况	59
图 2-22	2020年各主产区马铃薯种植环节碳排放情况	59
图 2-23	2020年各省份马铃薯生产碳足迹	60
图 2-24	2020年各省份马铃薯生产碳排放强度	60
图 2-25	各国马铃薯生产碳排放强度	61
图 2-26	2020年四省（区）甘蔗种植环节碳排放情况	65
图 2-27	广西、云南、广东、海南四省甘蔗种植环节碳排放情况	66
图 2-28	不同排放源对生猪养殖碳足迹的贡献	69
表 2-1	各环节排放因子	37
表 2-2	2012年中国区域电网平均排放因子	37
表 2-3	2020年中国大豆生产情况	44
表 2-4	2020年中国甘蔗生产情况	62
图 3-1	保护性耕作措施	90
图 3-2	秸秆还田措施	91
图 3-3	有机肥替代化肥	92
图 3-4	2012~2021年全国农机总动力变化趋势图	104
图 4-1	小麦季和水稻季温室气体监测	128
图 4-2	2016~2019年项目区温室气体减排量和固碳量	129
图 4-3	2016~2019年河南叶县和安徽怀远项目区固碳减排量	129
图 4-4	茶园内的喷灌与滴灌设施	133
图 4-5	茶园内的诱饵板与太阳能杀虫灯	134
图 4-6	松阳试点茶园碳排放、碳储存和净排放量	136
图 4-7	试点茶园不同生产阶段的碳排放百分比	137
图 4-8	"生物质能替代"模式示意图	139
图 4-9	"京安生物质能替代模式"生态化产业集群	140

图 4-10	四子王旗 169 个样方、3471 个植物样品的分布情况	144
图 4-11	四子王旗种植面积及固碳情况	147
图 4-12	2005~2013 年四子王旗种植灌木的成本	148
图 4-13	DGR 碳交易结构	150
图 4-14	山东滨州"种养结合"减污降碳模式	153
表 4-1	项目区实施的主要农田固碳减排技术	126
表 4-2	试点茶园基本信息	132
表 4-3	茶园引种灌溉信息	132
表 4-4	松阳雪峰云尖茶园适应措施	133
表 4-5	减排增汇固碳措施	134
表 4-6	减少温室气体排放的措施及效果	135
表 4-7	提高能源利用效率的措施及效果	136
表 4-8	退化草地管理不同恢复行动的碳汇潜力	143
表 4-9	2005~2013 年四子王旗灌木种植计划	144
表 4-10	灌木碳交易的交易成本	148
表 4-11	灌木碳交易成本和收益的权衡	149
表 4-12	实现 DGR 的成本和效益之间平衡的关键参数分析	149
表 4-13	DGR 碳交易参与者及其对项目的贡献	151

第一章　低碳发展战略与途径

摘　要

农业农村碳排放是基础性、生存性排放，需要准确把握降碳和保供的关系，牢牢守住国家粮食安全底线，保障重要农产品供给。因此，要在保障国家粮食安全、保护生态环境、提升农村居民生活水平等前提下实现农业农村领域碳达峰与碳中和，将面临任务重、压力大等困难。本章重点梳理了我国温室气体清单编制工作成效，总结了我国碳排放总量现状并分析了其国际地位，提出了加强固碳减排探索与实践，全面实施农业农村减排固碳"十大行动"，积极谋划我国农业农村低碳发展战略、技术路径、重大任务，走出一条生态优先、绿色低碳发展道路。

第一，我国农业碳排放强度极低，属于典型的生存排放。我国是世界第一人口大国，也是传统农业大国，农业碳排放是典型的生存排放。我国碳排放总量目前居世界第一位，但万元农业 GDP 碳排放、人均碳排放和人均农业人口碳排放均远低于美国。考虑到为全球粮食供应和饥饿人口减少做出的贡献，我国农业碳排放是非常低的，从这一方面看，我国农业为全球应对气候变化做出了卓越的贡献。考虑到未来我国人口增长和国民经济发展，在绿色低碳转型发展战略及技术普及下，我国农业碳排放强度将继续降低。

第二，国家和部委层面积极推行低碳政策措施，助力农业固碳减排。我国政府历来高度重视应对气候变化工作。2020 年，习近平总书记对外承诺实现"双碳"目标；2021 年，发布《中共中央、国务院关于完整准确全面贯彻新发展理念做好碳达峰碳中和工作的意见》以及《2030 年前碳达峰行动方案》，各级党政机关，企事业单位也相继出台了相关政策和路线图，碳达峰碳中和战略"1+N"政策体系加快形成。2022年6月30日,农业农村部发布《农业农村减排固碳实施方案》,提出以农业农村绿色低碳发展为关键,进一步降低农业温室气体排放强度,提高农田土壤固碳能力。

第三,多措并举推动我国农业农村低碳转型发展战略实施。围绕农业农村减排固碳、节能降碳、巩固提升生态系统碳汇、推动食物系统低碳转型等,实施重大工程,逐步完善支撑绿色低碳转型的政策和科技体系。

一 农业农村碳排放现状

(一)中国碳排放现状

1. 中国温室气体清单编制概况

1992年,《联合国气候变化框架公约》(以下简称《公约》)通过,规定各缔约方应在公平的基础上,根据它们共同但有区别的责任和各自的能力,为人类当代和后代的利益保护气候系统。《公约》要求所有缔约方提供温室气体各种排放源和吸收汇的国家清单,促进有关气候变化和应对气候变化的信息交流。中国国家气候变化对策协调小组组织国内有关政府部门、社会团体、科研机构、大专院校和企业等的官员和专家,根据非《公约》附件一所列缔约方国家信息通报编制指南,于2004年10月发布了《中华人民共和国气候变化初始国家信息通报》(1994年国家温室气体清单)。之后,我国政府又分别于2012年和2018年发布了《中华人民共和国气候变化第二次国家信息通报》《中华人民共和国气候变化第三次国家信息通报》,对应的国家温室气体清单数据年份分别是2005年和2010年。

根据2010年《公约》第十六次缔约方大会通过的第1/CP.16号决定以及2011年《公约》第十七次缔约方大会通过的第2/CP.17号决定,非《公约》附件一缔约方(我国属于此范畴国家)应根据其能力及为编写报告所获得的支持程度,从2014年开始提交两年更新报告,内容包括更新的国家温室气体清单、减缓行动、需求和获得的资助等,并接受对两年更新报告的国际磋商与分析。在2015年获得全球环境基金赠款后,中国政府组织国内有关部门和科研机构,根据《公约》第十七次缔约方大会通过的有关非《公约》附件一缔约方两年更新报告编制指南,启动了第一次两年更新报告的编写工作,经过一年多的努力,于2016年12月完成了《中华人民共和国气候变化第一次两年更新报告》（2012年国家温室气体清单）。此报告在广泛征求意见的基础上，经过多次修改，由国务院批准提交。2018年12月，我国发布了《中华人民共和国气候变化第二次两年更新报告》（2014年国家温室气体清单）。按照中国国务院机构改革方案，应对气候变化职能由国家发展改革委划转至新组建的生态环境部。此报告在广泛征求意见、多次反复论证和修改的基础上，经由国务院授权，与《中华人民共和国气候变化第三次国家信息通报》一道，由中国应对气候变化主管部门生态环境部提交。

根据《公约》的要求和中国的实际情况，在我国历次国家信息通报和两年更新报告中，国家温室气体清单编制及报告的范围主要包括能源活动、工业生产过程、农业活动、土地利用变化和林业、废弃物处理的温室气体排放量估算。估算的温室气体种类包括二氧化碳（CO_2）、甲烷（CH_4）和氧化亚氮（N_2O）。报告所涉及的内容和全国性数据，除行政区划、国土面积和其他特别注明的，均未包括香港、澳门特别行政区和台湾地区。另外，报告中所述碳排放包含所有温室气体排放，主要包括CO_2、CH_4和N_2O，本章中非二氧化碳温室气体的排放量通过其全球增温潜势值（CH_4和N_2O分别取值21和310）折合为二氧化碳当量（CO_2e），与国家信息通报和两年更新报告保持一致。

2. 中国历年碳排放情况

如上所述，我国国家温室气体清单数据始于1994年，当年碳排放总量为36.5亿吨CO_2e。2005年，碳排放总量攀升至70.46亿吨CO_2e，这种快速增加的趋势持续到2012年的113.2亿吨CO_2e。2018年生态环境部提交的《中华人民共和国气候变化第二次两年更新报告》的数据表明，2014年我国碳排放总量约为123.01亿吨CO_2e，不包括土地利用、土地利用变化和林业（LULUCF）吸收汇（见图1-1），如果包括LULUCF的吸收汇，排放总量为111.86亿吨CO_2e。

从碳排放部门构成来看，2014年我国碳排放主要涉及能源活动、工业生产过程、农业活动和废弃物处理4大领域（见图1-2）。其中，能源活动和工业生产过程总排放量为112.77亿吨CO_2e，占全国碳排放总量的91.7%；而能源活动排放总量为95.59亿吨CO_2e，居首位。能源部门碳排放主要来自能源消耗和逃逸排放两大活动。除了能源活动和工业生产过程，农业活动也是我国较大的碳排放源。数据表明，2014年我国农业活动碳排

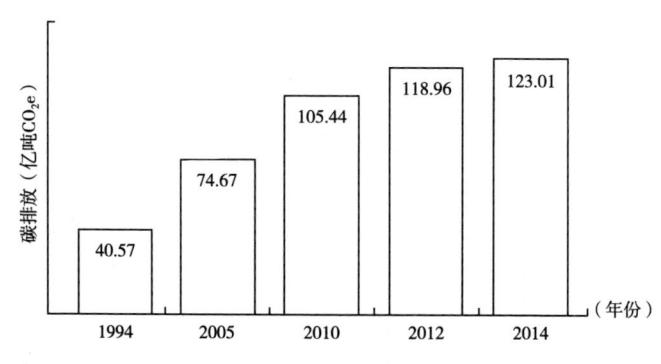

图 1-1　1994~2014 年我国历年碳排放总量
（不包括 LULUCF 部门吸收汇）

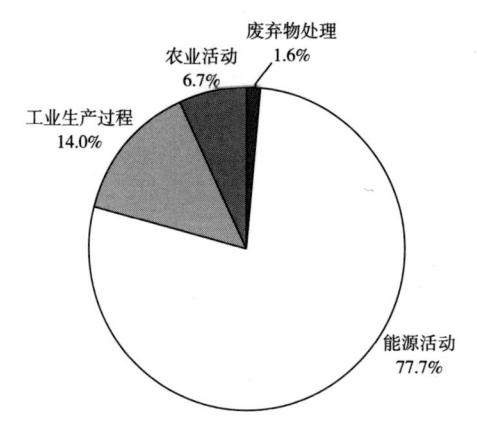

图 1-2　2014 年我国碳排放领域构成
（不包括 LULUCF 部门吸收汇）

放总量为 8.28 亿吨 CO_2e，占全国碳排放总量的 6.7%（不包括 LULUCF 吸收汇）。

在全球范围内，各国都非常重视温室气体排放的估算。2001 年，由国际地圈-生物圈计划（IGBP）、全球环境变化人文因素计划（IHDP）、世界气候研究计划（WCRP）等共同成立了全球碳项目。该项目数据表明，2014 年全球碳排放总量约为 370 亿吨 CO_2e。由此估算，我国碳排放占全球碳排放总量的 30.23%（包括 LULUCF 吸收汇），居世界第一位。但从人均碳排放量来看，我国碳排放强度仅为 8.93 吨 CO_2e/人，略高于 2014 年的世界平均水平 5 吨 CO_2e/人，远低于美国的人均碳排放量 21.54 吨 CO_2e。因此，考虑国民经济发展和人口数量，我国碳排放仍处于较低水平。

从上述分析可知，我国碳排放主要来自能源活动和工业生产过程，消费属于低排放过程。因此，我国碳排放很大程度上是在为世界做贡献，随着我国能源结构的调整，我国碳排放总量将大幅下降，人均排放也会更低。另外，从时间结构上来看，我国历史排放水平和整体排放水平都较低，我国碳达峰和碳中和战略的实施，将有效解决中国可持续发展问题，也将为世界的稳定和发展做出贡献。我国已经将生态文明建设列入国策，提出建设美丽中国，这也意味着我国将继续坚持节能减排的道路，努力降低能耗和碳排放水平，这既符合中国的国家利益，也符合世界各国人民的利益。

3. 中国碳排放现状分析

从历史排放总量来看，1994~2012 年我国碳排放总量有较大幅度的增加，从 40.57 亿吨 CO_2e 增加到 118.96 亿吨 CO_2e，这主要是由于社会经济的高速发展，加上能源和化石燃料的大量使用。2010~2014 年，我国碳排放总量虽仍呈上升趋势，但增加幅度明显小于前面 15 年。这说明在国家宏观经济调控及应对气候变化政策措施的影响下，减排固碳效果显著。总体而言，近 20 年来，我国碳排放发展趋势呈现前期急速上升后期平稳增加。未来在碳达峰碳中和政策约束下，在能源结构调整和低碳技术研发与应用的基础上，我国碳排放总量仍有望保持平稳变化的趋势。

（二）中国农业碳排放现状

1. 中国农业碳排放现状

2014 年，我国农业活动碳排放总量为 8.28 亿吨 CO_2e（见图 1-3），主要来源于动物肠道发酵、动物粪便管理、水稻种植、农业土壤和农业废弃物田间焚烧（见图 1-4）。其中，反刍动物肠道发酵甲烷排放 2.07 亿吨 CO_2e，占农业总排放的 25.00%；动物粪便管理甲烷和氧化亚氮排放 1.38 亿吨 CO_2e，占农业总排放的 16.67%；水稻种植甲烷排放 1.87 亿吨 CO_2e，占农业总排放的 22.58%；农业土壤氧化亚氮排放 2.88 亿吨 CO_2e，占农业总排放的 34.78%。从领域来看，2014 年，种植业排放 4.84 亿吨 CO_2e，占 58.38%；养殖业排放 3.45 亿吨 CO_2e，占 41.62%；从气体组成来看，2014

年，我国农业甲烷排放4.66亿吨CO_2e，占农业总排放的56.21%，氧化亚氮排放3.63亿吨CO_2e，占农业总排放的43.79%（见图1-3）。

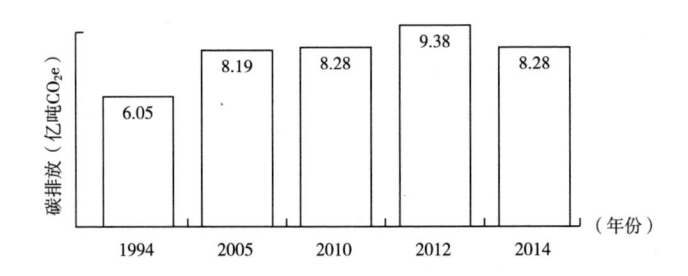

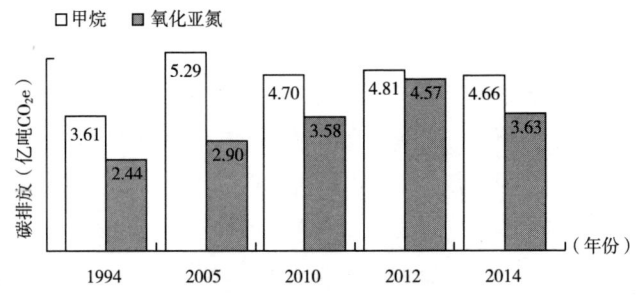

图1-3 1994~2014年我国农业活动碳排放趋势（亿吨CO_2e）

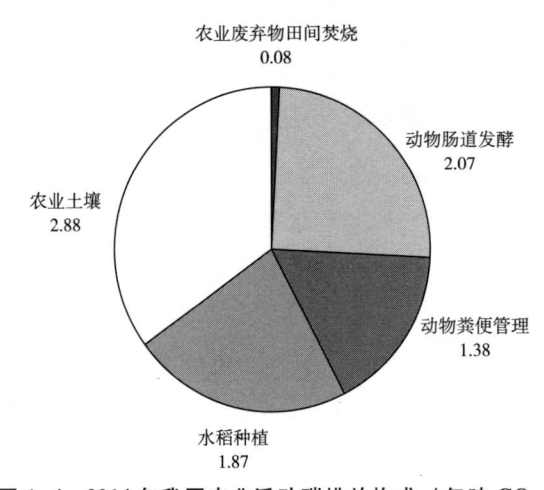

图1-4 2014年我国农业活动碳排放构成（亿吨CO_2e）

（1）中国农业甲烷排放

2014年，我国农业排放2224.5万吨甲烷（按照国家温室气体清单的惯例，本段及下段均为甲烷和氧化亚氮排放量，没有折合为二氧化碳当量），主要来源于动物肠道发酵、动物粪便管理、水稻种植和农业废弃物田间焚烧4个领域。其中，动物肠道发酵排放985.6万吨甲烷，占农业甲烷总排放的44.31%；动物粪便管理排放315.5万吨甲烷，占农业甲烷总排放的14.18%；水稻种植排放891.1万吨甲烷，占农业甲烷总排放的40.06%；农业废弃物田间焚烧排放32.3万吨甲烷，占农业甲烷总排放的1.45%（见图1-5）。

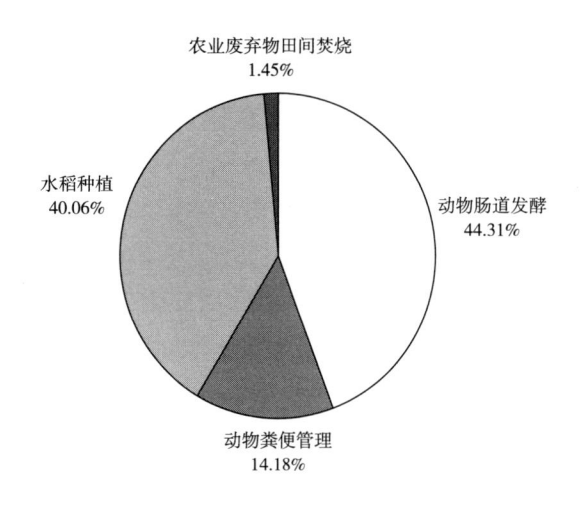

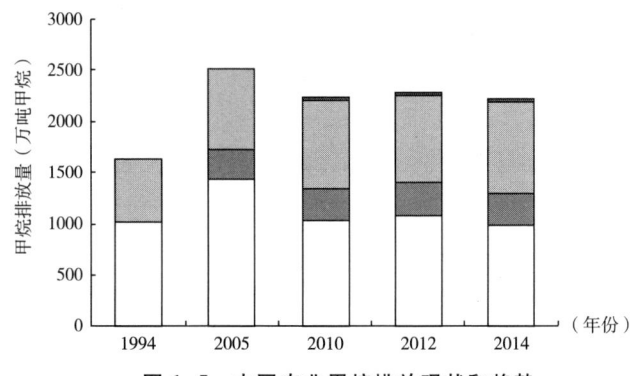

图1-5 中国农业甲烷排放现状和趋势

(2) 中国农业氧化亚氮排放

2014年，我国农业排放117万吨氧化亚氮，主要来源于动物粪便管理、农业土壤和农业废弃物田间焚烧3个领域。其中，动物粪便管理排放23.3万吨氧化亚氮，占农业氧化亚氮总排放的19.91%；农业土壤排放93万吨氧化亚氮，占农业氧化亚氮总排放的79.49%；农业废弃物田间焚烧排放0.7万吨氧化亚氮，占农业氧化亚氮总排放的0.6%（见图1-6）。

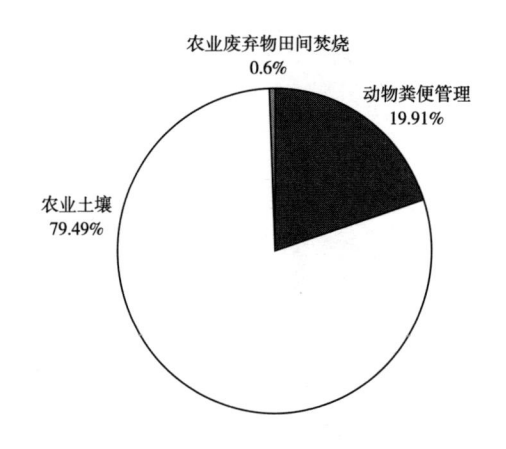

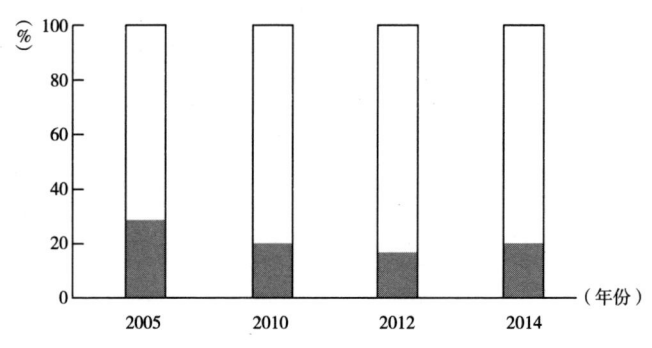

图1-6 中国农业氧化亚氮排放现状和趋势

2. 中国农业碳排放现状分析

近20年来，随着农业产业的高质量发展和绿色低碳政策措施的实施，我国农业碳排放经历了先增加后平稳降低的趋势。其中，种植业碳排放（包含水稻种植甲烷排放和农业土壤氧化亚氮排放）从2010年（之前的两次国家温室气体清单没有细分具体领域）的4.66亿吨CO_2e增加到2012年的高排放5.56亿吨CO_2e，然后下降到2014年的4.84亿吨CO_2e，在农业总排放中的占比从2010年的59.28%降为2014年的58.38%。从排放组成来看，水稻种植的甲烷排放在2005年达到最高，之后维持在较低水平。得益于节水灌溉等技术的推广，农业土壤氧化亚氮排放在2010~2014年也经历了小幅增加然后下降的趋势。一方面说明了我国耕地面积的稳定，另一方面也说明了减肥减药等减排技术的有效应用。

养殖业也是重要的农业碳排放源，1994~2014年，畜牧养殖业（以下简称"畜牧业"）碳排放占我国农业碳排放总量的37.6%~48.7%，占全国碳排放总量的2.8%~6.1%，占比逐年降低。我国养殖业碳排放总量从1994年的2.46亿吨CO_2e增加到2014年3.45亿吨CO_2e，累计增长了40.2%。从排放构成分析，动物肠道发酵甲烷排放呈先增加后逐步降低的趋势，主要原因是规模化养殖比例稳步提升，饲料转化效率和动物生产性能提升，肠道发酵甲烷排放因子呈降低的趋势。随着畜禽养殖污染治理和畜禽粪污资源化利用要求不断提高，规模养殖场液体粪污直排问题基本得到解决，液体粪污处理越来越规范，但厌氧、兼氧处理方式导致甲烷排放增加。

我国是传统农业大国，过去几十年，中国依靠科技进步和技术革新，以9%的耕地养活了全球22%的人口，这一"中国奇迹"震惊了世界，为全球粮食供应和贫困人口的减少做出了卓越贡献。因此，我国农业排放属于典型的生存排放，而且我国碳排放主要来自能源活动和工业生产过程，农业碳排放只占较小的份额。农业，包括种植业和养殖业，将继续为我国稳产保供提供基础支撑，也将继续为保障国家粮食安全和减缓全球气候变暖做出贡献。另外，从我国农业碳排放强度及与美国的国际对比来看，我国虽然农业碳排放总量高于美国，但单位农业GDP碳排放强度（1.42吨CO_2e/万元）、人均碳排放量（8.93吨CO_2e/人）及人均农业人口碳排放量（0.96吨CO_2e/人）均远低于美国（见表1-1）。这也再次说明了我国农业生存排放的特性，考虑到为全球粮食供应和饥饿人口减少做出的贡献，我国农业碳排放是非常低的。考虑到未来我国人口增长和国民经济发展，随着绿色低碳转型发展战略及技术普及，我国农业碳排放强度将继续降低。

表 1-1 2014 年中美两国农业碳排放对比

	中国	美国
人口（亿人）	13.77	3.18
GDP（万亿元）	64.36	107.13
农业 GDP（万亿元）	5.83	1.25
人均 GDP（万元）	4.67	33.63
纯农业人口（亿人）	7.00	0.06
农业 GDP 占比（%）	4.10	1.17
人均碳排放量（吨 CO_2e/人）	8.93	21.54
碳排放量（亿吨 CO_2e）	123.01	68.50
农业碳排放（亿吨 CO_2e）	8.28	6.99
农业碳排放占比（%）	6.70	10.21
单位 GDP 碳排放强度（吨 CO_2e/万元）	1.91	0.64
单位农业 GDP 碳排放强度（吨 CO_2e/万元）	1.42	5.58
人均农业人口碳排放量（吨 CO_2e/人）	0.96	170.17

资料来源：中华人民共和国国家统计局网站和美国农业部网站。

二 固碳减排探索与实践

（一）国家政策保障

1. 国家层面

我国政府历来高度重视应对气候变化工作。2007 年 6 月，国务院批准并正式发布了国家发展和改革委员会会同有关部门制定的《中国应对气候变化国家方案》，在国家层面上为我国履行《联合国气候变化框架公约》、应对气候变化挑战提出了政策性指导。该方案的颁布实施彰显了中国政府负责任大国的态度，对我国应对气候变化工作产生了积极的作用，也对世界应对气候变化做出了重要贡献。之后，党中央、国务院会同多个部门发布了多项应对气候变化的政策，引领全国节能减排工作的开展。2021 年 10 月，我国政府发布了《中国应对气候变化的政策与行动》白皮书，进一步强调中国应对气候变化的新理念，积极实施国家应对气候变化战略，增强气候变化适应能力，加大对温室气体排放的控制力度，减污降碳协同增效发展，坚定走绿色低碳发展道路，大力推进碳达峰碳中和重大战略决策的实施。2021年，在习近平总书记对外承诺实现"双碳"目标的一周年之际，发布了《中共中央、国务院关于完整准确全面贯彻新发展理念做好碳达峰碳中和工作的意见》以及《2030年前碳达峰行动方案》，各级党政机关、企事业单位也相继出台了碳达峰行动方案及碳中和路线图，碳达峰碳中和战略"1+N"政策体系正在加快形成。

在温室气体减排方面，2011年12月，国务院印发《"十二五"控制温室气体排放工作方案》，提出通过改良作物品种、改进种植技术，努力控制农业领域温室气体排放；加强畜牧养殖业和城市废弃物处理和综合利用，控制甲烷等温室气体排放增长。2015年6月，我国向联合国提交的国家自主贡献指出要构建循环型农业体系，推动秸秆综合利用、农林废弃物资源化利用和畜禽粪便综合利用。2016年10月，国务院印发《"十三五"控制温室气体排放工作方案》，提出要控制畜禽温室气体排放，选育高产低排放良种，因地制宜建设畜禽养殖场大中型沼气工程，推进标准化规模养殖，推进畜禽废弃物综合利用，到2020年规模化养殖场、养殖小区配套建设废弃物处理设施比例达到75%以上。2021年3月出台的《中华人民共和国国民经济和社会发展第十四个五年规划和2035年远景目标纲要》明确指出，要加大甲烷、氢氟碳化物、全氟化碳等其他温室气体控制力度，提升农业生产适应气候变化的能力。

2. 部门层面

为响应党中央和国务院的号召，各部门积极出台相关政策文件，大力推进应对气候变化和"双碳"战略工作。2022年5月30日，财政部印发《财政支持做好碳达峰碳中和工作的意见》，在重点领域和方向上就如何推进碳达峰碳中和给出了具体的建议：坚持降碳、减污、扩绿、增长协同推进，积极构建有利于促进资源高效利用和绿色低碳发展的财税政策体系，推动有为政府和有效市场更好结合，支持如期实现碳达峰碳中和目标；强调加大温室气体排放控制力度，增强农田生态系统碳汇能力；进一步明确提出要持续提升种植业温室气体减排和碳汇能力；支持绿色低碳生活和资源节约利用；发展循环经济，推动农作物秸秆还田技术的示范和推广；健全碳排放统计核算和监管体系，完善相关标准体系，加强碳排放监测和计量体系建设。

2022年6月，生态环境部等7部门发布了《减污降碳协同增效实施方案》，提出了分两步走的协同增效目标。该方案指出，到2025年，减污降碳协同推进的工作格局基本形成；重点区域、重点领域结构优化调整和绿色低碳发展取得明显成效；形成一批可复制、可推广的典型经验；减污降碳协同度有效提升。到2030年，减污降碳协同能力显著提升，助力实现碳达峰目标；大气污染防治重点区域碳达峰与空气质量改善协同推进取得显著成效；水、土壤、固体废物等污染防治领域协同治理水平显著提高。

（二）农业农村领域政策实施

推进农业农村领域减排固碳是我国碳达峰碳中和的重要组成部分，包括种植业减排固碳、养殖业减污降碳、农机节能减排、草原固碳增汇以及加工流通领域绿色低碳等内容。针对减排固碳的各个领域和应对气候变化的实际需求，农业部门近年来也出台了相关政策措施，在保证粮食安全和有效供给的前提下实现减排固碳，助力我国碳中和目标的实现。

1. 种植业减排固碳

2015年，《关于打好农业面源污染防治攻坚战的实施意见》出台，明确要求加强组织领导、强化工作落实、加强法制建设、完善政策措施、加强监测预警、强化科技支撑、加强舆论引导、推进公众参与，确保到2020年实现"一控两减三基本"的目标，有效保障我国粮食供给安全、农产品质量安全和农业环境特别是产地环境的安全，促进农业农村生产、生活、生态"三位一体"协同发展。其中，"一控"是指控制农业用水总量和农业水环境污染，确保农业灌溉用水总量保持在3720亿立方米，农田灌溉用水水质达标；"两减"是指化肥、农药减量使用；"三基本"是指畜禽粪污、农膜、农作物秸秆基本得到资源化、综合循环利用和无害化处理。2017年底，我国实现了化肥农药零增长。

农业农村部还会同多部门制定了深入推进测土配方施肥、扩大土壤有机质提升补贴规模、畜禽粪便和农作物秸秆高效资源化利用等措施。在国家碳达峰碳中和"1+N"政策体系框架下，2022年5月农业农村部和国家发展改革委联合印发了《农业农村减排固碳实施方案》，以保障粮食安全和重要农产品有效供给为前提，以农业农村绿色低碳发展为关键，以实施减污降碳、碳汇提升重大行动为抓手，降低农业温室气体排放强度，提高农田土壤固碳能力，大力发展农村可再生能源，建立完善监测评价体系，强化科技创新支撑，构建政策保障机制。该实施方案明确了种植业节能减排、农田固碳扩容、农机节能减排、可再生能源替代等相关任务，并提出稻田甲烷减排、化肥减量增效、农机绿色节能、农田碳汇提升、秸秆综合利用、可再生能源替代、科技创新支撑、监测体系建设等行动方案，为种植业领域节能减排提供了清晰的政策指导。

2. 养殖业减污降碳

（1）中国畜牧业温室气体排放现状分析

根据中国向联合国提交的国家信息通报数据，近20年来我国养殖业温室气体排放总量从1994年的2.46亿吨二氧化碳当量增加到2014年3.45亿吨二氧化碳当量，累计增长了40.2%。1994~2014年，畜牧业温室气体排放占农业碳排放总量的37.6%~48.7%，占全国碳排放总量的2.8%~6.1%，占比逐年降低。从排放构成分析，动物肠道发酵甲烷排放呈先增加后逐步降低的趋势，主要原因是规模化养殖比例稳步提升，饲料转化效率和动物生产性能提升，肠道发酵甲烷排放因子呈降低的趋势；粪便管理的温室气体排放呈增加的趋势，随着禽养殖污染治理和畜禽粪污资源化利用要求不断提高，规模养殖场液体粪污直排问题基本得到解决，液体粪污处理越来越规范，但厌氧、兼氧处理方式导致甲烷排放增加。

（2）畜牧业减污降碳相关政策行动

畜牧业减污降碳是我国应对气候变化的重要内容之一，2011年12月，国务院印发《"十二五"控制温室气体排放工作方案》，提出通过改良作物品种、改进种植技术，努力控制农业领域温室气体排放；加强畜牧业和城市废弃物处理和综合利用，控制甲烷等温室气体排放增长。2015年6月我国向联合国提交的国家自主贡献指出要构建循环型农业体系，推动秸秆综合利用、农林废弃物资源化利用和畜禽粪便综合利用。2016年10月，国务院印发《"十三五"控制温室气体排放工作方案》，提出要控制畜禽温室气体排放，选育高产低排放良种，因地制宜建设畜禽养殖场大中型沼气工程，推进标准化规模养殖，推进畜禽废弃物综合利用，到2020年规模化养殖场、养殖小区配套建设废弃物处理设施比例达75%以上。2021年3月出台的《中华人民共和国国民经济和社会发展第十四个五年规划和2035年远景目标纲要》明确指出，要加大甲烷、氢氟碳化物、全氟化碳等其他温室气体控制力度，提升农业生产适应气候变化的能力。

2022年5月，农业农村部和国家发展改革委联合印发的《农业农村减排固碳实施方案》针对畜禽养殖业提出了一项重点任务，即畜牧业减排降碳，具体措施包括推广精准饲喂技术，推进品种改良，提高畜禽单产水平和饲料报酬，降低反刍动物肠道甲烷排放强度，提升畜禽养殖粪污资源化利用水平，减少畜禽粪污管理的甲烷和氧化亚氮排放；同时也提出了一项重大行动，即畜禽低碳减排行动，具体措施包括推动畜牧业绿色低碳发展，以畜禽规模养殖场为重点，推广低蛋白日粮、全株青贮等技术和高产低排放畜禽品种，改进畜禽饲养管理，实施精准饲喂，降低单位畜禽产品肠道甲烷排放强度，改进畜禽粪污处理设施装备，推广畜禽粪污密闭处理、气体收集利用或处理等技术，建立粪污资源化利用台账，探索实施畜禽粪污养分平衡管理，提升畜禽粪污处理水平，降低畜禽粪污管理的甲烷和氧化亚氮排放。

在科技创新和保障机制方面，《农业农村减排固碳实施方案》的实施也为畜牧业减污降碳指明了具体方向。一是强化科技创新。科技创新是推动农业农村减排固碳的持续动力，建议通过国家重点研发、关键核心技术攻关等专项，支持农业农村减排固碳新技术的联合攻关，选育低排放高产畜禽品种，创新畜禽废弃物控污降碳、耕地保护和地力提升协同技术，形成低碳农业技术模式和样板；健全农村减排固碳标准体系，制修订一批国家、行业和地方标准，提高农业农村绿色低碳水平。二是加强政策激励。创设完善有利于农业农村减排固碳的优惠政策，在资金、项目等方面对农业农村减排固碳给予有力支持。建立农业农村减排固碳监测、报告和核查体系，积极探索农业碳排放交易的有效途径，提升减排固碳的环境效益和经济效益。三是培育绿色低碳产业。开展低碳农业试点示范，通过试点探索、集成熟化，形成适宜不同行业、区域的农业绿色低碳发展模式；大力发展低碳农产品的认证、标识、管理，打造一批农业绿色低碳产品品牌；建立农产品碳足迹追溯体系，壮大低碳农业产业增长动能。

3. 草原固碳增汇

草原（草地）是我国重要的陆地生态系统之一，面积大且固碳能力强、潜力大，遴选增碳减排有效技术，探索草原碳价值实现路径和长效激励机制，对科学高效保护草原，推进牧区经济、社会和生态协调发展具有重大意义。到21世纪初，我国已有90%的天然草地发生了不同程度的退化，区域经济社会发展难以为继，国家生态安全受到严重威胁。近年来，为应对草原退化，国家出台了草原生态保护建设措施和草原生态保护补助奖励政策以修复退化草原。

草地生态系统直接或间接地为人类社会提供服务，但由于生态系统服务具有明显的外部性特征，生态产品难以实现市场化交易，建立合理的利益均衡机制是保障主体功能区战略有效实施的重要基础。生态补偿以保护生态系统、协调区域发展和实现可持续发展为目标，促进生态保护者得到经济激励，激发全社会参与生态保护的积极性。目前，中国已经形成了以政府为主导的生态补偿基本框架，主要依靠财政转移支付和中央政府补贴，由各级政府开展的重点生态保护和建设工程组成。中国针对草地生态系统实施了一系列生态保护项目，取得了良好的效果。草原牧区牧民的主要收益来源于出售农畜产品，而其提供的环境友好产品——净碳汇并没有通过市场机制实现，这种对正外部效应补偿的缺失，或以"碳补偿"形式的生态补偿机制的缺位，导致牧户更多地追逐经济利益而较为缺乏实行低碳畜牧业的积极性。我国应大力推动碳生态补偿制度建设，将生态服务价值纳入地区决策成本，通过资源计价、生态获利促进地区间的公平发展，从根本上改革区域发展失衡的制度基础。

生态修复保护建设措施能有效提高草原碳汇。党中央、国务院高度重视草原保护和牧区发展，2000年以来陆续启动实施了京津风沙源治理、退牧还草、退耕还林还草等生态保护建设工程项目，草原生态整体快速恶化的趋势有所减缓。围栏封育、划区轮牧、免耕补播、退耕还草、人工草地建植等一系列生态保护建设措施被广泛用于防止草地退化及退化草地生态系统修复，大大提升了草地生态固碳功能，促进草地碳增汇。

补奖政策有效缓解草畜矛盾，助力牧区发展。虽然生态保护建设工程项目的实施可以缓解草原生态整体恶化趋势，但草畜矛盾仍是导致草地退化的主要因素。至2010年，全国268个牧区半牧区县天然草原平均超载仍高达44%。为彻底解决草畜矛盾，扭转草原退化的局面，2011年国家果断出台了草原生态保护补助奖励政策，中央年均投入财政资金约200亿元，惠及13个省（区）657个县1210.42万户5066.63万牧民。补奖政策已成为新中国成立后我国在草原牧区实施的一项资金规模最大、受益农牧户最多的惠民政策。草原生态保护补助奖励政策实施以来，草原植被盖度不断提高，2020年全国草原综合植被盖度达到56.1%，全国天然草原平均牲畜超载率持续下降并稳定在10%左右，草原生态生产功能稳步恢复，鼠虫害危害影响面积受生态环境好转和防控措施加强而持续减少；补奖政策实施推进各地草原承包落实，推动牲畜数量分布格局优化，牧区牲畜稳步减少、半牧区牲畜有序增多，牛羊肉供给双增，优质畜产品保障能力巩固增强；饲草料储备不断增加，保护性放牧制度实施范围增大；牧区人口转移减少，补助奖励助力牧民保收增收。

三 低碳发展战略

（一）机遇与挑战

农业既是我国重要的温室气体排放源，又是巨大的碳汇系统，农业农村低碳发展战略既是机遇，也面临挑战。

1. 机遇

一是国际气候履约。2016年我国签署了《巴黎协定》，之后分别于2015年和2021年提交了两次国家自主贡献履约承诺，两次都涉及改进农业生产技术，推动低碳技术推广应用，减少农业温室气体排放，足见国家对应对气候变化国际义务的大国担当和对农业绿色低碳发展的重视，也为我国农业食物系统低碳转型提供了政策保障和发展方向。

二是国内低碳政策。我国政府向来高度重视应对气候变化工作，"双碳"目标是基于我国国情经过科学论证提出的目标，是深刻推动经济、社会进步，促进经济、能源、环境、气候共赢，也是中国基于推动构建人类命运共同体的责任担当和实现可持续发展的内在要求做出的重大战略决策。2022年，"双碳"目标被相继写入政府工作报告和"十四五"规划，一系列低碳政策的出台，将为全面提升我国农业农村绿色发展和农业高质量发展提供巨大机遇。

2. 挑战

在保障粮食和重要农产品有效供给的前提下，按照"双碳"目标要求高质量全面推进乡村振兴面临的挑战主要有以下五个：一是我国农业农村碳排放还未达峰，农业农村碳达峰到碳中和时间仅有30年，相比欧美50~70年的缓冲时间缩短了近半，相较于欧美，我国的减排路径将更加陡峭；二是总体来看，我国农业正经历"高投入-高产出-高排放"的发展阶段，在"双碳"目标下,农业系统也需要进行技术革新和低碳转型,实现"低投入-高产出-低排放"的发展范式;三是农业农村"碳源"和"碳汇"的本底还未摸清,农业农村减排潜力尚需进一步挖掘;四是农业农村减排将改变生产方式,粮食安全和农民收入降低的风险会进一步加大;五是农业农村减排将增加消费者对低碳产品的额外支付费用(溢价),进而降低消费者对农产品的购买力。此外,碳减排还会进一步提高政府绿化造林等环境服务的支付成本,增加财政负担。为应对上述挑战,必须发展绿色循环低碳农业,改善农业农村生态环境,健全农业碳排放和碳汇的计量、监测、评价体系,强化农业绿色低碳科技创新,完善政策支持保障机制,建立和完善低碳农业价值实现机制,激发低碳农业内生发展动力,农业农村生产生活方式实现绿色低碳转型。

(二) 思路与目标

1. 基本思路

以习近平新时代中国特色社会主义思想为指导,深入贯彻党的十九大和十九届历次全会精神,按照二氧化碳排放力争于 2030 年前达到峰值、努力争取 2060 年前实现碳中和的总体要求,坚持"两山"理念,坚持节约优先、保护优先、自然恢复为主的方针,坚持降低排放强度为主、控制排放总量为辅的路径,落实全国"双碳"总体规划和框架中关于农业农村领域的决策部署,以保障粮食安全和重要农产品有效供给为前提,以全面推进乡村振兴、加快农业农村现代化为引领,以科技创新支撑农业农村减排降碳为主线,以农业农村绿色低碳发展为关键,以实施减污降碳、碳汇提升重大行动为抓手,全面提升农业综合生产能力、农业农村减排固碳能力、农业应对气候变化能力,提高农业的资源利用效率和用能效率,推进山水林田湖草沙冰一体化保护和修复,持续改善农村人居环境,大力发展农村可再生能源,加快形成节约资源、保护环境、绿色低碳的农业农村产业结构、生产方式、生活方式、空间布局,构建自然和谐共生的农业农村发展新格局,为全面推进乡村振兴、加快农业农村现代化、实现"双碳"目标提供坚实支撑。

2. 战略目标

围绕国家粮食安全保障、农业绿色转型和农业农村碳达峰碳中和的战略需求，到2025年，农业农村减排固碳与粮食安全、乡村振兴、农业农村现代化统筹融合的格局基本形成，减污降碳协同推进的工作格局基本形成，粮食和重要农产品供应保障更加有力。主要农产品温室气体排放稳中有降，农田土壤固碳能力、农业减排固碳能力和应对气候变化能力不断增强，减污降碳协同度有效提升，农业资源利用效率和农业用能效率显著提高，产地环境质量和农业生态系统明显改善，初步建成农业农村减排固碳的核算、监测、评估体系，初步建成低碳农业价值实现机制，逐步建立农业农村绿色低碳发展科技支撑体系和政策保障机制。

到2030年，农业农村减排固碳与粮食安全、乡村振兴、农业农村现代化统筹推进的合力充分发挥，种植业温室气体、畜牧业反刍动物肠道发酵、畜禽粪污管理温室气体排放和农业农村生产生活用能排放强度进一步降低，农田土壤固碳能力、农业减排固碳能力、农业应对气候变化能力和减污降碳协同能力显著提升，农村生态环境根本好转，绿色低碳生产生活方式广泛形成，农业农村发展全面绿色转型取得显著成效，农业农村发展与资源环境承载力基本匹配，生产生活生态相协调的农业农村发展格局基本建立，业兴村美人和的社会主义新乡村基本建成。

（三）重大工程

第一，农业减排固碳工程。一是优化产业布局。根据农业气候资源和气候灾害时空分布格局变化，调整优化产业布局、种植结构和作物品种配置，调整农业基础设施建设布局，适度提高中高纬度复种指数，北扩喜温作物，调整作物品种熟性；低纬度地区扩大冬种规模，充分挖掘农业生产潜力。二是稻田甲烷减排。在水稻主产区，因地制宜选育推广高产、优质、低碳水稻品种，推广稻田节水灌溉、有机肥腐熟还田等技术，降低甲烷排放强度。三是畜牧业减排降碳。以畜禽规模养殖场为重点，推广精准饲喂、低蛋白日粮、全株青贮等技术，推进高产低排放畜禽品种改良和推广，提高畜禽单产水平和饲料报酬，降低反刍动物肠道甲烷排放强度。四是渔业减排增汇。以重要渔业产区为重点，推进渔业设施节能改造与渔船节能装备升级换代，大力发展水产低碳养殖，发展稻渔综合种养、鱼菜共生、大水面增值等生态健康养殖模式，发展工厂化、集装箱等循环水养殖。有序发展滩涂和浅海贝藻类养殖，开展多营养层级立体生态养殖，建设国家级海洋牧场,增加渔业碳汇,实现渔业生物固碳。五是农田碳汇提升。提升土壤有机碳储量,增加土壤固碳能力。开展耕地质量提升行动,实施国家黑土地保护工程,推广有机肥施用、秸秆科学还田、绿肥种植、粮豆轮作、有机肥无机肥配施等技术,构建用地养地结合的培肥固碳模式;实施保护性耕作,推广秸秆覆盖还田免少耕播种技术,在适宜地区发展混林农业和山区立体农业,推广合理的间作套作体系。推进高标准农田建设,提高水土资源利用效率。

第二,农业农村减污降碳工程。一是化肥农药减量增效。研发推广作物吸收、利用率高的新型肥料产品,推广有机肥替代化肥,推广水肥一体化等高效施肥技术、统防统治与绿色防控技术,提高农药、肥料利用率,降低温室气体排放。二是农膜回收使用。推进农膜以及农药、肥料包装废弃物资源化利用和无害化处置。三是秸秆综合利用。持续推进秸秆肥料化、饲料化、基料化和能源化利用,发展秸秆生物质能供气供热供电;拓宽秸秆原料化利用途径,支持秸秆浆替代木浆造纸,推动秸秆资源转化为环保板材、碳基产品等。四是畜禽粪污资源化利用。改进畜禽粪污处理设施装备,推广粪污密闭处理、气体收集利用或处理技术,提高畜禽粪污资源化利用水平,减少畜禽粪污管理的甲烷和氧化亚氮排放。五是农村人居环境整治提升。加强厕所粪污无害化处理与资源化利用,加强农村黑臭水体治理,推动农村生活垃圾分类减量与资源化处理利用。

第三,农业农村节能降碳工程。一是农机绿色节能应用。加快老旧农机报废更新力度,推广先进适用的低碳节能农机装备,加快侧深施肥、精准施药、节水灌溉、高性能免耕播种等机械装备推广应用,大力示范推广节种节水节能节肥节药的农机化技术;开发工厂化生产、农渔机械、屠宰加工及储存运输节能设备,推广节能环保灶具、电动农用车辆、节能养殖机械和渔船渔机。二是节能降耗技术革新。针对产前原材料(化肥种子农膜与饲料等生产)准备,产中农机耕种,产后加工、储运、零售、配送等重点环节,进行节能降耗技术革新,推广绿色农用机械,减少各工业和能源制造加工环节燃料燃烧、能源和电力消耗、交通运输等产生的直接排放和固体燃料、油气系统的逃逸等间接排放。三是可再生能源替代。加快生物质能、太阳能、风能、地热能等可再生能源在农业生产和农村生活中的应用,加强清洁能源在原材料生产、产品加工储运销售配送过程的应用替代，推动农业生产加工、农村取暖炊事等用能侧可再生能源替代；因地制宜发展农村沼气，鼓励有条件地区建设规模化沼气/生物天然气工程，推进农村可再生能源开发利用，增加清洁能源供应，提升能效；推广生物质成型燃料、打捆直燃、热解炭气联产等技术，助力清洁取暖；推进绿色农房建设，加快农房节能改造；加强农村电网建设，提升农村用能电气化水平。

第四，巩固提升生态系统碳汇工程。巩固生态系统固碳，严守生态保护红线，严控生态空间占用，稳定现有森林、草原、湿地、海洋、土壤、冻土、岩溶等固碳作用。严格执行土地使用标准，加强节约集约用地评价，推广节地技术和节地模式。提升生态系统碳汇能力。实施生态保护修复重大工程，实施生物多样性保护重大工程，科学推进荒漠化、石漠化、水土流失综合治理，科学实施重点区域生态保护和修复综合治理项目，建设生态清洁小流域。加强退化土地修复治理，重点加强土壤酸化、盐碱化治理，提升农业生态碳汇。坚持因地制宜，宜林则林，宜草则草，科学开展大规模国土空间绿化行动，巩固退耕还林还草成果，扩大林草资源总量。实施森林质量精准提升工程，持续增加森林面积和蓄积量。全面加强天然林保护修复。加强草原生态保护修复，提高草原综合植被盖度。加强河湖、湿地保护修复。整体推进海洋生态系统保护和修复，提升红树林、海草床、盐沼等固碳能力。积极推动岩溶碳汇开发利用。开展生态改善、环境扩容、碳汇提升等方面效果综合评估，不断提升生态系统碳汇与净化功能。

第五，食物系统转型发展工程。科学绘制转型蓝图，构建完善的农业食物系统碳排放生命周期分析方法体系，统筹食物系统全环节低碳技术升级改造与节能减损，全面考虑节能降耗协同提质增效，合力打造低碳食物能源复合系统，科学谋划农业食物系统低碳转型路线图。推进低碳生产高效种养，调整产业结构，生产更多低碳足迹食物品类，重点研发种养殖业生产过程温室气体减排技术体系，突破减排增产难兼顾的瓶颈制约，实现农业生产全过程低碳转型高效种养。鼓励减损节约低碳消费，减少餐桌浪费，减少全环节的损失与浪费，包括减少农作物收割损失比，降低食物包装能耗，增强绿色用能、推广绿色包装，提升餐厨垃圾循环处理利用。实施"节能补贴""以旧换新"等措施，采用补贴、奖励等方式，支持居民购买绿色高效制冷产品。倡导合理营养膳食，改善民众膳食结构，推广低排放集约型食品，条件允许的情况下，削减高单位产品温室气体排放类食品的消费，此类需求改变可降低供应链上的能源输入并降低土地需求。因地制宜开展典型示范，聚焦从低碳种植业、高效养殖业、节能降耗型加工储运零售链条，改善餐桌消费膳食营养结构，杜绝食物浪费，推进高效餐厨垃圾分类循环利用，提升全链条能源利用效率，合力共促可持续农业食物系统。

第六，农业农村绿色低碳科技支撑工程。实施碳中和路径与关键技术研发推广重大专项，系统梳理农业农村绿色低碳发展重大科技需求，在国家重点研发计划、国家自然科学基金中设立农业农村减排固碳、减污降碳协同增效等重点专项，采用"技术榜单""揭榜挂帅"制度，充分调动科研人员积极性，加强基础理论、基础方法、前沿颠覆性技术研究。依托现代农业产业技术体系、国家农业科技创新联盟，组织开展农业农村绿色低碳关键核心技术攻关。推广农业农村减排固碳创新技术与模式，大力发展绿色低碳循环农业、气候智慧型农业，发展光伏农业，推进农光互补、"光伏+设施农业"、"海上风电+海洋牧场"等低碳农业模式，发展节能低碳设施农业，开展生态修复、农牧业减排增汇路径与关键技术推广，凝练总结推广一批综合性技术解决方案和典型模式。打造碳中和先行示范区，以生态保护修复、国家农业绿色发展先行区、国家公园、农业产业园和循环经济园区等建设为基础，打造碳达峰与碳中和试点示范区，树立农业农村碳中和示范标杆。建立健全绿色低碳监测网络，开展草原、森林、湿地资源碳储量现状评估，摸清碳汇家底；依托国家生态环境监测体系，整合已有资源，建立农业农村碳排放监测方法标准；研发不同行业、不同农畜产品碳排放核算模型，建设碳中和基础数据库；开展不同区域和产品生产的碳减排增汇途径的成本效益以及可行性评估。建立农业农村绿色低碳技术和产品检测、评估、认证体系，交易体系和科技创新服务平台，建立健全绿色低碳农业技术推广服务体系和综合服务平台。建立健全标准体系，制修订一批国家标准、行业标准和地方标准。组建农业绿色低碳相关国家重点实验室、国家技术创新中心、重大科技创新平台，基于国家农业农村碳达峰碳中和科技创新联盟、中国农业科学院温室气体自愿减排项目第三方审定与核证中心、国家农业环境数据中心、国家重点实验室、国家野外科学观测研究站和长江中下游稻田甲烷减排监测网等平台，建立国家级农业农村低碳科技创新研究平台，为农业农村低碳转型"政产学研用金"协作攻关提供科技平台支撑。组建农业农村减排固碳、减污降碳协同增效、生态系统增汇等领导小组、决策咨询专家组，提供战略、政策、规划和技术咨询，以科技和智慧支撑农业碳达峰碳中和工作。聘请有关科研院所、高等院校的专家学者，组建农业农村低碳重点任务专家指导委员会和实施方案编制专家组，编制实施方案，加强技术指导、培训和服务，切实推进战略任务的实施。加强农业绿色低碳人才培养，培育形成农业农村减排固碳、减污降碳领域国家战略科技力量，鼓励高等学校加快相关学科建设和人才培养，鼓励企业、高等学校、科研单位联合开展"产学研"合作协同育人项目。

（四）保障措施

第一，加强组织领导。从中央到地方，有关部委、各地区、各有关部门要认真贯彻落实关于农业农村绿色低碳发展的决策部署，加强统筹协调配合，各司其职，各负其责，形成合力，统筹研究重大政策和重要工作安排，协调解决重点难点问题，系统推进相关工作。各地相关部门加强政策衔接和工作对接，结合地方实际情况，制定区域实施方案，明确时间目标，细化工作任务，确保上下政策取向一致、步伐力度一致、各项重点举措落实见效。有序开展典型技术模式应用试点，打造一批农业农村低碳零碳先导区。加强对好做法和典型模式的宣传引导，选树一批有代表性的区域和实施主体，打造典型样板。

第二，创新体制机制。坚持创新在我国"双碳"目标全局战略中的核心地位，把科技自立自强作为国家低碳发展的战略支撑，并把完善科技创新体制机制作为坚持创新驱动发展、全面塑造发展新优势的重要内容。按照"面向世界科技前沿、面向经济主战场、面向国家重大需求、面向人民生命健康"的战略方向，破解农业农村低碳领域科技革新难题，为建设低碳农业科技强国提供有力制度保障，推动科技创新体制机制改革向纵深发展。建立政府与市场有效协调机制，政府主导有关公共属性的绿色低碳行为制度和生态环境养护制度的安排，市场引导低碳产品价值实现和低碳产业发展，加强农业科研、成果转化和推广服务一条龙的系统建设。推进市场化机制建设，建立和完善低碳农业价值实现机制，有序推进将农业纳入碳市场，探索研究扩大碳交易品种的规则，推动形成政府主导、社会参与、市场化运作的农业碳交易机制。建立全国统一碳市场，探索乡村振兴国家核证自愿减排（CCER）优先抵消机制。建立健全能够体现碳汇价值的生态保护补偿机制，研究制定碳汇项目参与全国碳排放权交易的相关规则。

第三，完善政策制度。完善投入机制，推动各类资金、资源更大力度向农业农村绿色低碳领域倾斜，加强资金使用和项目建设监管。完善农业农村绿色低碳投融资政策，探索设立用于支持农业农村碳达峰碳中和的发展基金，构建与农业农村领域碳达峰碳中和相适应的投融资体系，支持国家开发银行等开发性、政策性金融机构，积极利用抵押补充贷款工具，依法合规为农业农村绿色低碳产业提供低息中长期信贷支持。完善支持社会资本参与政策，激发市场主体农业绿色低碳投资活力。积极发展绿色金融，鼓励金融机构、社会资本和保险企业以绿色金融助力农业农村绿色低碳转型。加大对低碳农业技术创新的金融支持力度。有序推进农业绿色低碳金融产品和服务开发，设立农业农村碳减排货币政策工具，创设农业绿色低碳投资基金，引导银行等金融机构为农业农村绿色低碳项目提供长期限、低成本资金。完善财税价格政策，各级财政要加大对农业绿色低碳发展、技术研发等的支持力度。研究碳减排相关税收政策和具有合理约束力的碳价机制，探索促进农业可再生能源规模化发展的价格机制。完善法律法规和考核约束机制，健全农业农村领域碳达峰碳中和的法律法规体系，推进农业绿色低碳发展领域立法、执法，建立促进农业农村减排固碳、减污降碳协同效应的考核制度。

第四，培育绿色产业。加强农业绿色低碳产业培育，大力发展以绿色低碳生态循环为增长点的农业新产业新业态，推进种养加销一体、农林牧渔结合、一二三产业联动发展的现代复合型绿色循环农业产业体系建设。推动大数据、人工智能等新技术与产业发展深度融合，带动农业转型升级。以绿色金融、龙头企业为主体，积极构建农业绿色供应链，推行全程绿色低碳标准化生产，探索低碳农产品、节能农产品的认证、标识和管理，引导农业企业、经营主体强化减排固碳技术应用。打造一批农业绿色低碳产品品牌，试点示范农产品碳标签，建立健全农产品碳足迹追踪体系，拓展供给方式和供给渠道，不断壮大新型产业增长动能。倡导绿色低碳生活方式，鼓励绿色消费，坚决制止餐饮浪费行为。

第五，强化监测监督。完善农业农村减排固碳、减污降碳的监测指标、关键参数、核算方法。统筹中央和地方各级力量，优化不同区域稻田、农用地、养殖场等监测点位设置，推动构建科学布局、分级负责的监测评价体系，开展甲烷、氧化亚氮排放和农田、草地、渔业固碳等定位监测。做好农村可再生能源等监测调查，开展常态化的统计分析。创新监测方式和手段，加快智能化、信息化技术在农业农村减排固碳、减污降碳监测领域的推广应用。依托和拓展自然资源调查监测体系，建立生态系统碳汇监测核算体系，开展森林、草原、湿地、海洋、土壤、冻土、岩溶等碳汇本底调查和碳储量评估，实施生态保护修复碳汇成效监测评估。

第六，着力宣传引导。充分重视对公众进行低碳农业意识及大食物观的普及和宣教，积极利用新闻媒体、公益广告等宣传媒介来增加公众对低碳农业的认知和理解，通过各类政府门户网站的定期专版宣传，提高公众对于农业食物系统低碳转型高质量发展的责任感和紧迫感。在学校、机关、企事业单位、街道社区以及村镇定期以专家讲座、发放低碳知识手册、展板宣传画报等形式进行普及，提高公众的低碳意识，提高公众对低碳农业食物系统的认可程度。

第二章 低碳发展评价与核算

摘 要

在"双碳"目标下,农业系统需要技术革新和低碳转型,实现"低投入-高产出-低排放"的发展范式。未来农业的核心目标是持续提高作物产量、提升土壤生产力,同时尽可能地降低外源投入。实现这一目标需要构建可度量的指标体系以及相应的方法学,这也是当前的热点研究问题。然而,农业农村碳源和碳汇的本底还未摸清,农业农村减排潜力尚需进一步挖掘。本章对当前主要的低碳发展评价体系进行介绍,梳理流程,明确其应用范畴,为促进低碳农业发展和评价提供指引。同时采用生命周期碳足迹核算的方法,对我国代表性的粮食、蔬菜和肉类初级农产品进行碳足迹核算,展示碳足迹空间特征,为评价我国省级碳足迹水平和潜在减排路径提供支撑。

第一,评价体系。当前针对农业企业、农业生产足迹、农业农村发展现状主要有清洁生产评价、碳足迹评价和低碳发展评价,存在指标繁多、通用性差等问题。随着国际碳边界调整机制的建立,产品碳足迹的核证以及低碳农产品的要求成为制约产品销售的重要手段,低碳农产品的建设和认证工作也开始得到积极发展,对农产品全产业链的碳足迹分析,有助于我们了解企业碳排放情况,为减少能耗、降低成本做出贡献。我国亟须以碳认证为核心,构建一套覆盖种植、养殖、农产品加工和农村能源替代等农业全产业链的"双碳"标准体系。

第二,核算方法。目前,我国农业碳排放核算方法主要分为考虑部分环节的碳排放计量方法和考虑全部环节的碳足迹核算方法两大类。前者包括 OECD 法、IPCC 清单指南排放因子法和质量平衡法,后者则包括投入产出法（I-O法）和生命周期分析法（LCA法）。从生命周期视角和食物系统角度出发，有助于对食物系统从种植加工储运到零售和消费的全环节碳排放精准核算与综合评估，构建行业碳排放监测、报告与核查体系（MRV），有助于我们明晰农业全链条碳排放结构，促进上下游技术突破创新和低碳转型，力促农业食物及食品行业低碳转型高质量发展。

第三，碳足迹核算。本研究采用"从摇篮到农场大门"的生命周期分析方法，对2001~2020年中国5个主要作物系统的碳排放、单位面积碳足迹和单位产量碳足迹（CF）进行了分析。结果表明，单位产量碳排放强度生猪（2.72kg CO_2e/kg）>晚籼稻（2.51kg CO_2e/kg）>粳稻（1.57kg CO_2e/kg）>早籼稻（1.11kg CO_2e/kg）>中籼稻（1.09kg CO_2e/kg）>马铃薯（1.04kg CO_2e/kg）>大豆（0.52kg CO_2e/kg）>甘蔗（0.09kg CO_2e/kg）。从作物排放量和过程的角度来看，影响全国作物生产总净碳排放量的关键排放过程是化肥生产和施用排放，占比大多在75%以上。

一 低碳发展评价

（一）农业低碳评价体系

随着现代农业的发展，农机、农药、农膜等投入大幅增加，依赖高投入的集约化生产给全球环境带来新的问题。预计到2050年，全球人口将增长50%，全球粮食需求将增长60%~110%。如果仍按照过去的农业发展模式，未来氮磷肥投入将增长约2.7~3.4倍，这将引发全球性生态环境危机。随着"生态农业""循环农业""可持续农业"等理念的发展，国际学界提出协调农业生产和环境可持续、高产出与低环境危害、农业生态系统自我完善的新农业模式。因此，未来农业的核心目标是持续提高作物产量、提升土壤生产力，同时尽可能地降低外源投入。实现这一目标需要构建可度量的指标体系以及相应的方法学，这也是当前的热点研究问题。本节对当前主要的度量体系进行介绍，梳理流程，明确其应用范畴，为促进低碳农业发展和评价提供指引。

1. 清洁生产评价

清洁生产是解决农业面源污染的有效途径，是农业可持续发展的保证。《中国21世纪议程》对清洁生产定义如下：在不影响自然环境状态下，充分利用合理的自然资源与自然能源满足人类生存发展需求，在合理范围内尽量降低资源成本的投入，保证生产无毒化、资源化及节约化。农业推行清洁生产，强调从源头抓起，预防为主，同时控制农业生产全过程，以达到污染最小化和保证农产品质量安全，实现农业经济与环境的双赢。农业清洁生产追求的目标主要有两个：一是通过资源的综合利用、短缺资源的代用、二次能源利用、资源的循环利用等节能降耗和节流开源途径，实现农用资源的合理利用，延缓资源的枯竭，实现农业可持续发展；二是减少农业污染的产生、迁移、转化与排放，提高农产品在生产和消费过程中与环境相容的程度，降低整个农业生产活动给人类和环境带来的风险。在农业生产过程中，既要减少甚至消除废物和污染物的产生和排放，又要防止有害物质进入农产品和食品中危害人类健康。

为了防止生态环境的进一步恶化，保护环境、关注人类健康、保证人类的生存与发展、实现清洁生产已成为世界各国的共同需要和实现发展的紧迫任务。早在 1993 年，我国就有学者提出清洁生产概念，但真正立法是 2002 年 6 月第九届全国人民代表大会常务委员会第二十八次会议通过的《中华人民共和国清洁生产促进法》，至此清洁生产在我国也开始具有了法律效力，并引起政府部门及全社会的广泛重视。我国通过减少或消除化学品的使用和固体废弃物综合利用，控制农业面源污染，大力推广循环利用生产技术，在农牧业固体废弃物综合利用、环境立法和环境污染控制方面取得了一定进展。

但是，在对农业清洁生产没有形成统一认识的情况下，农业清洁生产易理解、难实施。相关的具有环保概念的农业，除了有机农业在国际上受到认可并通行，其他类型的农业基本上还没有形成相应的规范和标准。良好的农业操作规范、危害分析的关键控制点等具有农业清洁生产概念的产品生产和加工环节，都必须通过相应的认证，因此在推行上还存在一定的困难。国内学者围绕农业清洁生产产前、产中和产后全过程的理念，在构建农业清洁生产评价体系上也进行了探索。罗良国等从农户申报、政府评价、分配清洁生产补贴的角度分别提出种植业和养殖业的评价指标和审核体系，推动政府和农业生产经营者开展农业清洁生产实践。陈达等基于农业企业管理制度与培训、清洁设施和工艺流程等建立快速审核评价表，以期通过缩短审核周期、分配清洁生产补助的方式，提高农业企业参与清洁生产评价的积极性，从而促进中国农业清洁生产的落地和推广。农业清洁生产的实施要求各级政府加大产业引导和政策扶持，稳固市场主导地位，以农牧民参与和企业市场建设为主体，调动各方面、各环节积极性，扎实推进种植业和畜牧业供给侧结构性改革，按照市场需求和人民意愿强化环境保护，优化产业布局。

2. 碳足迹评价

清洁生产是从环保理念出发的，与此不同，碳足迹伴随着全球变暖这一热点问题逐渐成为衡量人类活动对环境的影响和压力程度的重要指标。碳足迹是在生态足迹的概念上提出的，它是对某种活动直接或间接的二氧化碳排放量的度量。碳既是表征农业生产水平的关键指标，也是土壤肥力的指标，又是环境问题如全球增温潜势的关键指标。因此用碳度量作物产量、土壤生产力和环境，能较好地反映未来可持续农业的特征。具体而言，未来农业应追求以最少的碳投入获得最大的生物碳固定和土壤碳储存，尽可能减少碳排放，促进低碳农业。通过碳管理可以实现全链条的优化，据研究，全球与食物生产消费相关的各个环节产生的温室气体排放量占全球温室气体排放量的比重高达44%~57%。随着碳足迹研究的深入，一些发达国家相应推出碳市场机制，碳标签成为继生态标签、能效标签等环境友好标签之后的又一大标签系统。所谓碳标签是把产品或服务在生产、加工、运输和消耗整个生命周期中的温室气体排放量（即碳足迹）在产品标签上标识出来，告知消费者产品碳信息。

近年来，国际上对农作物碳足迹的定量化研究日益增多，水稻碳足迹最高，玉米次之，小麦碳足迹最低。碳足迹核算也存在很大的不确定性，同一作物的碳排放可能相差10倍之多，如此巨大的不确定性严重制约了低碳农业的正常发展。这些结果的差异主要由考量的系统边界、排放因子、温室气体种类、减排措施等因素导致。系统边界划分是碳足迹评估中极为重要的环节，系统边界的范围直接影响研究结果的不确定性。联合国粮农组织（FAO）将温室气体排放的主要环节划分为两大过程：从摇篮到农场大门的生产过程和从农场大门到市场的产品运输和加工过程。当前大多数研究受限于数据可获得性，产品碳足迹的系统边界基本都是从摇篮到农场大门的生产过程。在全生命周期评价上，仍需要加强离开农场大门后的碳排放数据核算和系统化管理，评价全链条的减排潜力，建立标准化评价体系，为碳交易提供标准核算方法，推动碳交易市场的健康有序发展，链接技术、政策、市场，引导农业生产绿色低碳发展。

3. 低碳发展评价

低碳农业是环境资源约束和全球气候变暖背景下的农业发展模式之一，是中国新时代生态文明建设的重要组成部分。低碳农业在关注农业的经济与社会功能的同时，更加注重生态功能，把生态功能置于首位。低碳农业的内涵包含以下三个方面：一是低碳农业的主体是大农业，不仅包括农、林、牧、副、渔等初级产品的生产，还包括储加销全链条协同发力；二是低碳农业的发展内容是构建低碳型现代农业发展模式，在低碳理念下，加强节能减排技术或替代投入品的研发和推广，提高能源利用率和清洁能源比重；三是低碳农业的核心是低污染、低排放、低能耗，减少农药、化肥、农膜等的投入，加强农业废弃物的综合开发利用，减少污染物的排放。

农业绿色低碳发展的本质是一种发展理念，是习近平总书记"绿水青山就是金山银山"科学论断在农业发展中的具体体现，强调农业经济、社会发展与生态环境的协调发展。评价低碳农业的发展水平，需要在明确低碳农业内涵的基础上提出一套具有较强实践指导性的农业绿色低碳发展评价指标体系，对不同功能主体和区域组合赋权，利用归一化和标准系数法等评价方法增强低碳农业的地区可比性、自我进步程度检查等功能。但是，用指标体系来评价低碳农业的发展水平是一个复杂的系统工程，由于对低碳农业分析的角度和侧重点的差异，构建的指标体系也不尽相同。目前采用比较多的方法是层次分析法。范纯增等首次提出低碳农业园区评价体系，构建包括资源利用、污染控制、环境质量、排碳能力、经济与社会效益等的6个一级评价指标体系，并利用 AHP 确定各指标权重。骆旭添通过 AHP、Delphi、FCE 方法，形成了经济、社会、环境3个层次20个具体指标的低碳农业评价体系。谢淑娟对低碳农业评价指标体系进行了更深入研究，建立了要素效率、碳汇效益、能源使用与生产方式碳化水平的四维评价体系。陈瑾瑜、张文秀构建社会、经济、农业与环境四维低碳农业评价体系。杜华章构建了江苏省低碳农业评价体系，并用熵值法对其进行综合评价分析。张颂心在浙江省低碳农业经济评价指标体系构建中，覆盖农业发展水平、投入品强度、能源使用率、资源使用水平、废弃物利用水平5个二级指标和18个三级指标，利用AHP方法确定指标权重并应用到浙江省低碳农业发展水平评价上。

强化农业生态资源数据采集和统计体系建设，可靠的数据是农业绿色低碳发展评价的基础。将农业绿色低碳发展纳入领导班子任期生态文明建设责任制内容，将农业绿色低碳发展的实绩作为干部考核评价的重要依据。

（二）中国低碳农业评价

中国低碳农业是一种通过减少能源消耗、推广绿色农业管理方式、采用可持续技术和有效利用自然资源来降低碳排放的农业模式。中国低碳农业有利于促进更多绿色可持续农业生产，减少农业可替代能源的使用，减缓气候变化，实现循环经济，促进农业自动化，降低生产成本和废物处理难度。低碳农业通过更多的有机肥料、更好的水管理技术、更优质的土壤管理技术以及更安全的肥料使用技术等，能够有效改善作物产量，减少农药和化学肥料的使用，不仅能够增强土壤肥力，还能有效减少农业污染，同时降低生产成本。此外，低碳农业的实施还有助于提升农业技术水平，提升农业生产效率，改善农村社会经济状况，创造和支持经济可持续性，促进社会可持续发展。总的来说，中国低碳农业是一种经济、环境和社会协同发展的有效模式，它不仅可以降低环境污染，而且可以提高农业技术水平，提高农业可持续性，增强自然资源的可持续利用，提升农村人口的社会经济水平，促进整个社会的可持续发展。

在全国层面，粮食产量和农业碳排放开始脱钩。我们搜集了1961~2019年的粮食产量和农业碳排放量的宏观数据，研究了粮食安全与碳排放的协同关系。根据FAO的划分，农场内碳排放核算范围包括种植业、养殖业以及农场内的能源排放。1961~1998年，我国的粮食产量属于波动上升期，农业碳排放总量也在不断上升，但上升速度慢于粮食产量的增长；1999~2003年，我国粮食产量连续5年减产，农业碳排放总量也随之下降；2003年以后，粮食产量实现十六连丰；2015年后粮食产量稳定在6.6亿吨以上。根据FAO的统计数据，2000年以前，中国农业碳排放经历了高速增长，2000年后中国农业碳排放进入了相对平稳阶段，在2016年达到8.39亿吨CO_2e的峰值后连续3年缓慢下降，2019年农业碳排放已经与2000年持平。自2016年开始，粮食产量和中国农业碳排放已实现脱钩（见图2-1）。

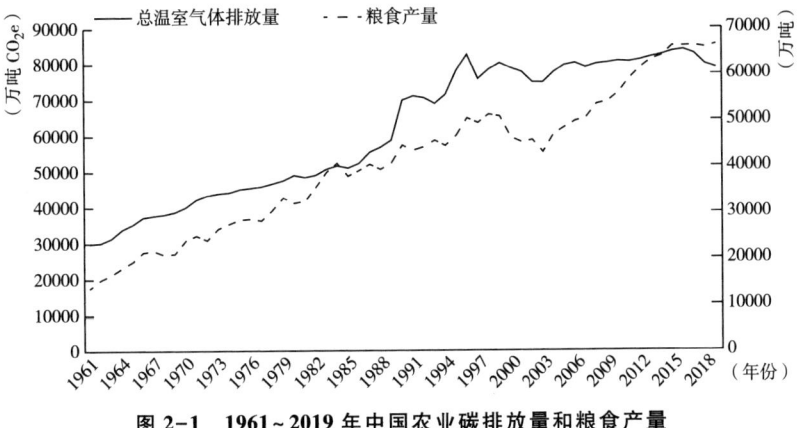

图 2-1　1961~2019 年中国农业碳排放量和粮食产量

从排放结构来看，种植业占比在上升，养殖业占比在下降。中国种植业的碳排放在 1961 年为 1.45 亿吨 CO_2e，2015 年达到峰值后开始缓慢下降，2019 年下降到 3.5 亿吨 CO_2e。中国养殖业的碳排放在 1961 年为 1.54 亿吨 CO_2e，1995 年~2000 年呈波动态势，在 1996 年达到 3.99 亿吨 CO_2e 的峰值后开始逐渐下降，2019 年下降到 3.15 亿吨 CO_2e。2019 年，中国种植业碳排放占全球种植业碳排放总量的比重为 11%，而养殖业碳排放仅占全球养殖业碳排放总量的 7%。

中国的化肥施用、水稻种植、能源消耗的碳排放占农业碳排放总量的比重均高于全球平均水平。2019 年，中国农业碳排放的主要来源为动物肠道发酵、化肥施用、水稻种植以及能源消耗，占农业碳排放总量的 78%（见图 2-2）。其中，化肥施用产生的碳排放占农业碳排放总量的 21%，而同期全球平均水平仅为 7.5%。水稻种植产生的农业碳排放占农业碳排放总量的 19%，而在北美和欧洲，这一比例仅为 1.5% 和 0.7%，全球平均水平为 8.3%。能源消耗的碳排放占农业碳排放总量的比重达 15%，高于全球平均水平 6%，也高于北美、欧洲的 11% 和 10.7%。

在畜牧业碳排放结构方面，中国生猪养殖产生的碳排放高于其他国家的平均水平。中国生猪养殖产生的碳排放占畜禽养殖碳排放总量的 17%，而全球平均水平为 4%。畜禽粪污排放与管理造成的碳排放占畜牧业碳排放总量的 42%，世界平均水平为 32%，欧美国家为 38%，原因在于生猪粪污管理，加强畜禽粪污特别是生猪粪污减排自主创新势在必行。

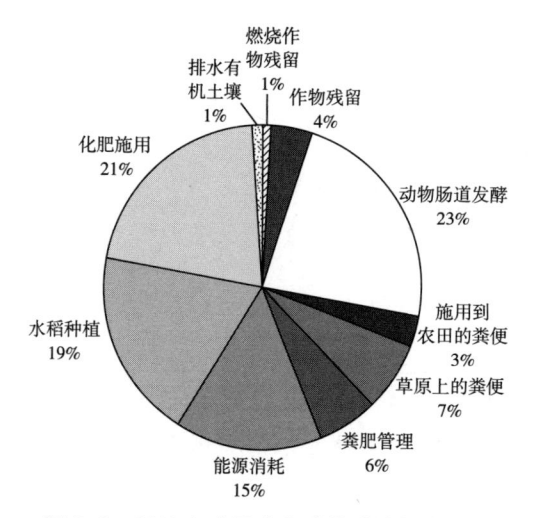

图 2-2　2019年中国农业碳排放的构成比例

二　核算方法

（一）核算方法研究进展

目前，我国农业碳排放核算方法主要分为考虑部分环节的碳排放计量方法和考虑全部环节的碳足迹核算方法两大类。前者包括 OECD 法、IPCC 清单指南排放因子法和质量平衡法，后者则包括投入产出法（I-O 法）和生命周期分析法（LCA 法）。

OECD 法是畜牧业碳排放核算初期的简易方法，仅在 20 世纪末期被少数学者使用，该方法由经济合作与发展组织（OECD）于 1991 年提出，主要是针对反刍动物肠道甲烷排放的简易计量方法，根据反刍动物摄入饲料总量的消化率和以维持机体所需能量为基准的饲料营养水平来推算反刍动物肠道甲烷产生量。IPCC 清单指南排放因子法根据的是政府间气候变化专门委员会（IPCC）制定的国家温室气体清单编制指南，农业源温室气体排放核算主要包括稻田甲烷排放、农用地氧化亚氮排放、动物肠道发酵甲烷排放以及动物粪便管理甲烷和氧化亚氮排放 4 类农业生产活动的排放，不包括生产管理过程中能源消耗产生的二氧化碳排放，这些排放也是国家温室气体清单的主要部分，其范畴较 OECD 方法略宽泛，重点核算农业生产过程中自身导致的甲烷和氧化亚氮等非二氧化碳温室气体的碳排放情况，但未考虑农业生产前端（如化肥农药等农业投入品）与后端（如农产品加工）以及生产过程中能源消耗导致的二氧化碳排放，对于一个典型企业来说，其核算的排放量只涉及部分排放。还有一种碳排放核算方法为质量平衡法，其原理在于测量密闭空间（如畜禽饲养空间）的甲烷或氧化亚氮等温室气体的浓度变化率，从而计算其排放量，主要有呼吸代谢箱法和饲舍质量平衡法两种方法。与OECD方法类似，该方法也主要针对反刍动物甲烷和部分粪便管理系统的碳排放。

上述方法均未从食物系统考虑全环节的碳排放，而碳足迹核算方法则相对比较全面。投入产出法（I-O法）作为一种自上而下的计算方法，最早由美国人Wassily Leontief创立，对于养殖业，其碳计量是根据投入产出表建立相应的数学模型，并以此反映各环节的关系，还可以计算产品和服务中隐含的碳排放，该方法以整个养殖经济系统为边界，适用于宏观分析。相比较而言，LCA法则是一种自下而上的碳足迹核算方法，不仅考虑生产过程的直接碳排放，还涉及能源使用、资源消耗和污染物排放等造成的碳排放。该方法可用于评估养殖业某一产品（如牛肉）整个生命周期的活动、服务、过程或产品相关的全部产出和投入中间接或直接对碳排放和环境造成的影响，适用于微观尺度。针对养殖业，LCA方法一般将其划分为产前（摇篮）、产中（农场）和产后（加工、储运、零售、消费）三大环节，但实践中一般考虑"从摇篮到农场大门"的居多，而"从摇篮到消费者"由于涉及复杂的过程而较少研究。

可见，当前涉及农业碳排放的核算，仍缺乏生命周期视角和食物系统角度的全环节评估，特别是后农场阶段的估算，如加工、储运、零售和消费环节等，由此造成农业全链条碳排放结构不清、技术创新着力点不突出、低碳转型途径不明确等问题。我国急需开展全国尺度的食物系统全环节碳排放精准核算与综合评估，构建行业碳排放监测、报告与核查体系（MRV），力促农业食物及食品行业低碳转型高质量发展。

综上所述，虽然经历了从OECD简易算法到考虑生命周期全环节评估的演变，我国农业碳排放的计量与核算体系目前还不健全，相关标准和规范体系也不完善，而且各类核算方法也各有其优缺点与适用领域。我国农业具有区域异质性大、生产规模与管理方式种类繁多等特征，这也影响到国家尺度碳排放核算方法的统一，目前来看，碳足迹方法的研究结果更能科学反映我国农业碳排放现状。

由于研究假设、方法及研究样本等的差异，不同区域、不同农畜产品的碳排放核算结果存在较大不确定性，尤其是我国在种植业和养殖业碳排放方面基础监测数据较缺乏，在相关排放因子的研究方面较为滞后，仅就IPCC清单指南排放因子法而言，其提供了3个层级的算法。对于畜牧业部分，在农业农村部科技教育司和畜牧兽医局的支持下，关键排放源基本上采用了层级2的计算方法，为我国畜牧业温室气体排放和减排技术筛选提供了科技支撑，但在应用的过程中，由于调查的样本量有限，排放因子计算结果还存在一定的不确定性，需要开展多方面的验证。我国应鼓励开展种植业和养殖业碳排放长期定点监测研究工作，建立各类（不同规模与管理方式）农业温室气体排放活动水平和排放因子数据库，制定种植业和养殖业碳排放国家标准化体系，构建完善的碳排放监测、报告与核查体系，以便进行更精准的碳排放核算、减排政策制定与食物系统绿色低碳转型发展。

（二）种植业碳足迹核算方法

本报告核算了水稻、大豆、马铃薯、甘蔗、生猪这些典型粮食、蔬菜、糖类和肉类初级农产品的碳足迹。根据数据的可获得性，本报告中不同农产品碳足迹核算的系统边界不同。本报告的系统边界是"从摇篮到农场大门"，即从原材料获取到制造成品的过程，主要是指种植环节生产的农产品可以直接供消费者使用，不包括精细化加工环节，根据数据的可获得性，将包装、运输、消费和废弃物管理放入全生命周期的核算边界。

1. 碳足迹核算方法

农产品全生命周期碳足迹按照以下公式核算：

$$E_i = \sum_j (AD_j \times EF_j)$$

式中，E_i——i环节碳排放量总量；

AD_j——j排放源的活动水平；

EF_j——j排放源对应的排放因子。

种植环节碳排放包括化肥生产与施用排放、农药生产碳排放和机械燃油耗能排放。

(1) 化肥生产与施用排放

统计我国各省单一农产品的化肥施用量，使用化肥生产耗能碳排放模型：

$$Q_{能耗} = \sum_i (Q_i^N \times k_1 + Q_i^P \times k_2 + Q_i^k \times k_3)$$

式中，Q_i^N、Q_i^P、Q_i^k 分别是各省氮肥（N）、磷肥（P）和钾肥（K）消耗量；i 为省份；k_1、k_2、k_3 分别为氮肥、磷肥、钾肥制造温室气体的排放系数。

根据各省某一作物种植施肥量，建立化肥施用碳排放模式，包括施肥直接排放、化肥挥发沉降排放、化肥淋溶/径流排放。由于缺乏数据，本报告未考虑土壤有机碳（SOC）因施用有机质（修剪残留物）而被封存的可能性。

$$CE_{N_2O} = (E_{N_2O直接} + E_{N_2O沉降} + E_{N_2O淋溶径流}) \times 298$$

$$E_{N_2O直接} = N \times EF_d$$

$$E_{N_2O沉降} = (F_{SN} \times Frac_{化肥挥发} + F_{ON} \times Frac_{有机肥挥发}) \times EF_{挥发和再沉降}$$

$$E_{N_2O淋溶径流} = (F_{SN} + F_{ON}) \times Frac_{淋溶} \times EF_{淋溶径流}$$

式中，EF_d——氮肥施用直接排放系数，取值 1.92%；

$E_{N_2O沉降}$——每年从管理土壤中挥发的氮在大气中沉降产生的 N_2O 数量；

F_{SN}——土壤每年施用的合成肥料 N 量；

$Frac_{化肥挥发}$——以 NH_3 和 NO_x 形式挥发的合成肥料 N 部分；

F_{ON}——每年施用于土壤的畜禽粪便、堆肥、污水污泥和其他有机氮添加量；

$Frac_{有机肥挥发}$——施用的有机氮肥材料以及放牧动物沉积的尿氮和粪氮（FPRP）以 NH_3 和 NO_x 形式挥发的部分；

$EF_{挥发和再沉降}$——土壤和水面氮大气沉降的 N_2O 排放的排放因子；

$Frac_{淋溶}$——淋溶/径流发生地区，管理土壤中通过淋溶和径流损失的所有施加氮/矿化氮的比例；

$EF_{淋溶径流}$——氮淋溶和径流引起的 N_2O 排放的排放因子。

（2）农药生产碳排放

汇总整理我国单一农作物种植主要省份和地区农药使用情况，结合

《2006年IPCC国家温室气体清单指南》《食品、烟草及酒、饮料和精制茶企业温室气体排放核算方法与报告指南（试行）》《工业其他行业企业温室气体排放核算方法与报告指南（试行）》，计算作物种植所使用农药在生产过程中碳排放。

$$Q_{能耗} = \sum_i (Q_i^C \times f_1 + Q_i^S \times f_2 + Q_i^M \times f_3)$$

式中，Q_i^C、Q_i^S、Q_i^M分别是各省甘蔗的除草剂、杀虫剂和灭菌剂消耗量；i为省份；f_1、f_2、f_3分别为除草剂、杀虫剂、灭菌剂制造温室气体的排放系数。

（3）机械燃油耗能排放

各作物在种植过程中的耕作环节机械化程度不同，一般所需的机械装备包括轮式拖拉机、深耕犁、深松犁、圆盘耙、旋耕机、开行犁、种植机、中耕施肥培土机、植保装备、灌溉装备、收割机、装载机、运输车等。上述机械设备主要以柴油为燃料，以汽油为补充燃料，我们根据《食品、烟草及酒、饮料和精制茶企业温室气体排放核算方法与报告指南（试行）》来计算化石燃料的排放系数和排放量：

$$E_{N_2O} = \sum_i (AD_{化石} \times EF_{化石})$$

$$AD_{化石} = FC_{化石,i} \times NCV_{化石,i}$$

$$EF_{化石} = CC_i \times OF_i$$

式中，$AD_{化石}$——第i种化石燃料消费量，为热量用值；

$FC_{化石,i}$——第i种化石燃料消耗量；

$NCV_{化石,i}$——第i种化石燃料的平均低位发热量；

i——化石燃料的种类；

$EF_{化石}$——第i种化石燃料的排放因子；

CC_i——第i种化石燃料的单位热值含碳量；

OF_i——第i种化石燃料的碳氧化率。

2. 各环节排放因子

排放因子（EF）是量化每一活动环节温室气体排放的系数，主要通过文献评价和报告指南获得（见表2-1和表2-2）。

表 2-1 各环节排放因子

环节	排放源	排放因子
种植	氮肥	7.759t CO_2e/t N
	磷肥	2.332t CO_2e/t P_2O_5
	钾肥	0.660t CO_2e/t K_2O
	EF_d	1.92%
	$EF_{挥发和再沉降}$	1%
	$EF_{淋溶径流}$	1.1%
	$Frac_{化肥挥发}$	11%
	$Frac_{有机肥挥发}$	21%
	$Frac_{淋溶/径流}$	24%
	$EF_{汽油}$	0.0679t CO_2e/GJ
	除草剂	63.65kg CO_2e/kg a
	杀虫剂	57.07kg CO_2e/kg a
	杀菌剂	57.57kg CO_2e/kg a
加工	煤炭	0.094t CO_2e/GJ
	天然气	0.056t CO_2e/GJ
	设备用电	见表 2-2
包装	塑料编织袋（50kg）	0.374kg CO_2e/bag
	包装	2.3kg CO_2e/kg
运输	柴油	0.0725t CO_2e/GJ
消费	热水用电	见表 2-2
处理	填埋	0.80kg CO_2e/kg
	焚烧	0.18kg CO_2e/kg

注：根据相关文献整理获得。

表 2-2 2012 年中国区域电网平均排放因子

单位：t CO_2e/Mwh

区域	电网平均排放因子
华北区域电网	0.8843
华东区域电网	0.7035

续表

区域	电网平均排放因子
华中区域电网	0.5257
西北区域电网	0.6671
南方区域电网	0.5271

(三) 养殖业碳足迹核算方法

畜禽养殖业的碳足迹核算主要包括三种温室气体：二氧化碳、甲烷和氧化亚氮。核算过程一般选择年度生产周期作为碳足迹评价周期。养殖业碳足迹核算主要包括以下4个部分。

第一，饲料生产与加工产生的温室气体排放。氮肥生产过程中 N_2O 的直接和间接排放及其在饲料生产中的后续应用；饲料种植过程中的农业投入品如地膜和杀虫剂的生产、尿素的使用以及机械使用（如耕作、播种、收割和饲料原料运输）消耗的化石燃料产生的二氧化碳排放量。该部分计算方法与农产品种植部分一致，同时乘以农产品中作为饲料的副产品的占比系数。

第二，肠道发酵产生的 CH_4 排放，包括养殖场内不同生产阶段的各种畜禽肠道发酵产生的甲烷排放。该部分排放主要来源于反刍动物，生猪为单胃动物，其肠道发酵产生的甲烷排放量较低，不是主要排放源，一般以缺省值作为其排放系数。

第三，粪便管理过程中产生的 CH_4 和 N_2O 排放，主要包括各种畜禽产生的粪污在圈舍收集、储存和处理过程中产生的 CH_4 和 N_2O 排放。

第四，畜禽生产管理过程中能源消费产生的二氧化碳排放，包括养殖场各生产单元和辅助生产单元消耗的电、煤、汽油、天然气等产生的二氧化碳排放。

畜禽养殖业碳足迹计算公式如下：

$$CF_{animal} = \frac{G_{feed} \times AF_{feed} + G_{enteric} + G_{manure} + G_{energy}}{W_{total}}$$

式中，CF_{animal}——畜禽养殖业畜产品生产碳足迹；

G_{feed}——饲料作物种植环节产生的温室气体排放量；

AF_{feed}——饲料主副产品分配系数；

$G_{enteric}$——肠道发酵产生的温室气体排放量；

G_{manure}——粪便管理产生的温室气体排放量；

G_{energy}——养殖场能源消耗产生的温室气体排放量；

W_{total}——畜禽养殖场年生产畜禽产品总重量。

三　水稻碳足迹

水稻作为我国主要的粮食作物，其播种面积约占我国农作物播种总面积的17.96%。从种植、收获、加工、储存到运输，直至作为食物端上餐桌，水稻食物系统的整个生命周期均产生温室气体排放，包括种子、化肥、农药等农资的生产，耕作、灌溉、施肥、收获等机械作业的能耗，以及土壤内部的生理生化反应，这些环节都不同程度地增加了碳排放。然而，目前有关水稻食物系统碳排放的研究多集中在"从摇篮到农场大门"阶段，加工、运输、销售阶段的碳足迹鲜有研究。本节主要从水稻食物系统的全生命周期出发，采用生命周期分析法（LCA法）对我国2018年9个省各类水稻从"从摇篮到销售"阶段的碳足迹进行评估，以揭示全国范围内的水稻食物系统的碳排放结构，为我国制定行之有效的碳减排措施提供科学参考。

（一）研究区域和数据

以2018年全国各省各类水稻为研究对象，各省份水稻的种植面积、单产、总产，以及早籼稻、中籼稻、晚籼稻、粳稻各类水稻的种植面积、单产、总产数据来源于2019年《中国统计年鉴》；水稻生产过程的农资投入数据，包括种子使用量、化肥施用量、农用柴油、灌溉耗电、农药，来源于2019年《全国农产品成本收益资料汇编》。

本部分旨在系统核算2018年我国各省份早籼稻、中籼稻、晚籼稻、粳稻"从摇篮到销售"阶段的碳足迹，探明各省份碳排放结构，为研究区域以节能减碳为目标的水稻食物系统全生命周期管理提供决策依据。研究范围包括确定功能单位和划分系统边界。水稻食物系统的系统边界划分为

"从摇篮到销售",即从化肥、农药、杀虫剂等农资生产开始至产品销售的仓储运输结束。

水稻食物系统的碳排放分析是对产品、工艺或活动在整个生命周期内的所有输入源和输出源进行的量化汇总。本研究中的农资输入部分包括化肥、农药、杀虫剂生产的能耗;水稻种植阶段需要考虑耕作、灌排、播种、施肥、打药、收割等机械作业的能耗以及稻田温室气体的排放;生产加工阶段主要考虑晾晒、清洗、脱壳、碾米以及白米的分级、色选、抛光等加工过程的能耗,以及包装材料的生产;消费阶段需要考虑仓储、运输过程的能耗和制冷剂的散失。

(二) 结果分析

1. 水稻排放强度和碳足迹

2018年,全国不同类型水稻的平均碳排放强度之间略有差异。早籼稻与中籼稻的碳排放强度差异较小,分别为1106.02g CO_2e/kg、1090.10g CO_2e/kg;晚籼稻的碳排放强度最高为2514.56g CO_2e/kg;粳稻次之,为1573.18g CO_2e/kg。

水稻食物系统"从摇篮到销售"的各阶段均产生一定的碳排放,各环节的碳排放占比大小顺序基本一致。2018年全国各类型水稻的温室气体碳足迹分别为早籼稻4240.04kg CO_2e/hm^2、中籼稻5251.34kg CO_2e/hm^2、晚籼稻9964.96kg CO_2e/hm^2、粳稻7747.60kg CO_2e/hm^2。各类型均以灌溉为主要的温室气体排放源,灌溉在晚籼稻碳排放中的占比高达74%,在粳稻碳排放中占比60%。第二大温室气体排放源为施肥,施肥排放在早籼稻、中籼稻和粳稻的碳排放中占比分别为19%、16%和15%,而在晚籼稻中,施肥产生的温室气体排放仅占排放总量的8%,与晚籼稻收获环节的温室气体排放占比相同。早籼稻、中籼稻和粳稻的第三大排放源均为收获环节,与施肥排放占比差异不大。各类水稻仓储、加工和运输环节的碳排放占比较小,仅为1%~3%。

从全球来看,主要水稻生产国印度的稻米碳足迹平均为4180kg CO_2e/hm^2,碳排放强度为0.83±0.23kg CO_2e/kg,略低于我国水稻碳足迹,而日本作为主要水稻生产国之一,其水稻碳排放强度为1.93kg CO_2e/kg,显著高于我国早籼稻、中籼稻和粳稻的碳排放强度,略低于我国晚籼稻。

2. 水稻碳足迹地区差异

各省水稻的碳足迹在空间上的变化较为复杂，作为水稻主产区，华中地区粳稻的碳足迹较东北地区高。

各省间早籼稻的碳排放强度差异较小，波动范围为 984.77~1429.70g CO_2e/kg，平均碳排放强度为 1106.02g CO_2e/kg。

福建省中籼稻的碳排放强度为 2173.30g CO_2e/kg，在此类水稻中最高，其次为贵州中籼稻的碳排放强度 1867.41g CO_2e/kg，重庆、四川、陕西中籼稻的碳排放强度分别为 1695.32g CO_2e/kg、1524.69g CO_2e/kg、1457.14g CO_2e/kg。中籼稻的平均碳排放强度为 1090.10g CO_2e/kg，高于早籼稻。

各省晚籼稻的碳排放强度均高于早籼稻、中籼稻，江西和湖南最低，分别为 2302.54g CO_2e/kg、2309.71g CO_2e/kg，海南晚籼稻的碳排放强度最高，为 3596.04g CO_2e/kg，福建次之，为 3216.73g CO_2e/kg，广西、广东晚籼稻的碳排放强度相差较小，分别为 3093.76g CO_2e/kg、3029.66g CO_2e/kg。晚籼稻碳排放强度的平均值为 2514.56g CO_2e/kg。

粳稻的碳排放强度在各省间的差异明显，波动较大，最低值为山东的 749.87g CO_2e/kg，最高值为浙江的 2718.71g CO_2e/kg，各省粳稻碳排放强度的均值为 1573.18g CO_2e/kg，与中籼稻碳排放强度的平均值较接近（见图2-3）。

3. 碳足迹构成差异

各省各类型水稻的温室气体排放均以甲烷（CH_4）、二氧化碳（CO_2）的排放量最多，氧化亚氮（N_2O）的排放量最少。从贡献比例来看，CH_4 对水稻食物系统温室气体排放的贡献率为 25.05%~78.49%，N_2O 的贡献率较少，为 1.61%~9.31%，CO_2 对温室气体排放的贡献率为 19.91%~67.42%。

（三）结论

总体而言，本部分对水稻食物系统进行了碳足迹核算，系统边界由传统的"从摇篮到农场大门"延伸到"从摇篮到销售"，采用的方法为标准的碳足迹核算方法，充分考虑了我国在核算边界与清单分析方面具有较强的创新性和引领性。从全球范围来看，特别是与发达国家相比，我国水稻碳足迹处于中等水平，考虑到碳足迹核算边界与清单分析的差异，单位产量碳足迹更能代表水稻生产的碳排放水平。

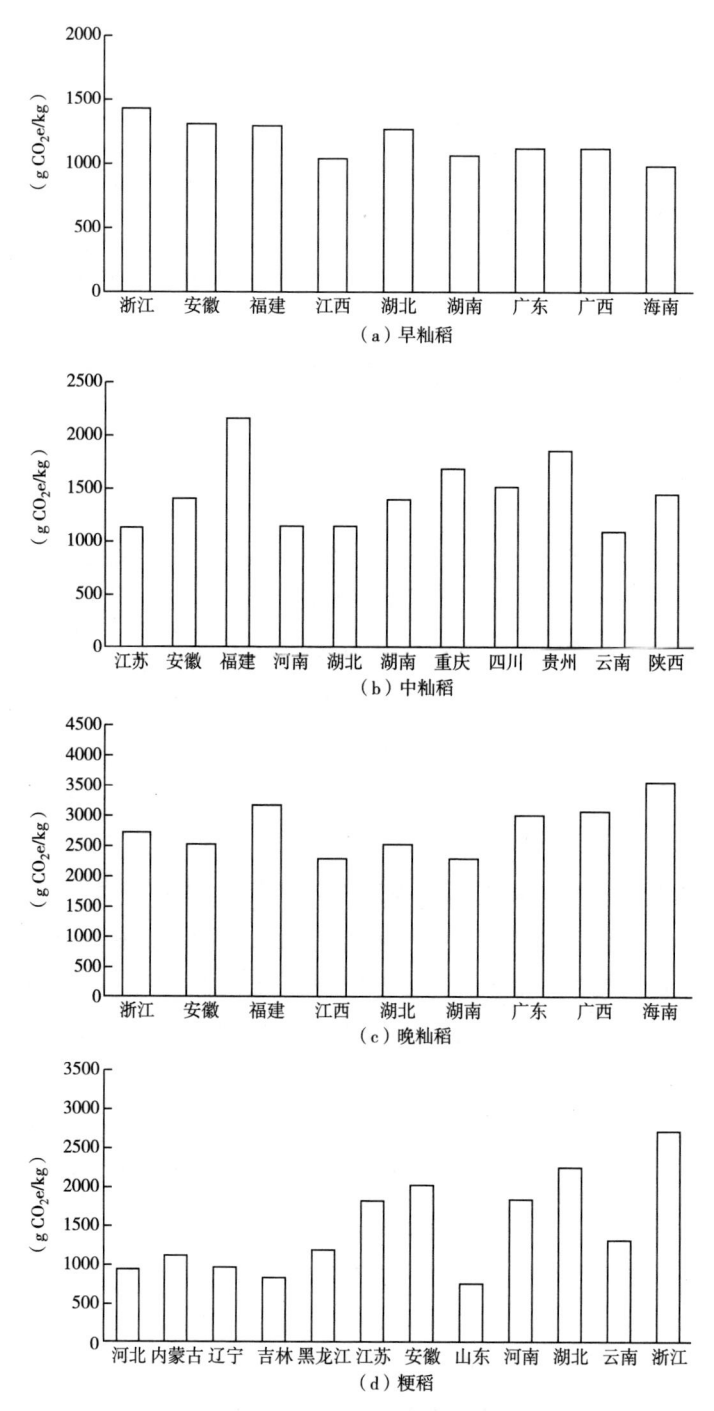

图 2-3　2018 年我国各类型水稻单位产量碳排放强度

四 大豆碳足迹

大豆是我国主要粮食作物之一，同时也是重要的油料作物。大豆原产中国，各地均有栽培。大豆常用来做各种豆制品、榨取豆油、酿造酱油和提取蛋白质，具有重要的经济价值。食用油安全是粮食安全的重要组成部分，中国食用油安全形势不容乐观。中国的豆粕产量整体变化较为平稳，受饲料产业持续发展的影响，我国豆粕产量随之增长，在2021年增长至7864万吨，同比增长1.1%。大豆是全球第三大农作物产品，也是目前我国进口量最大的农产品。1961~2005年，全球大豆产量增加了8倍，而同期大豆贸易量增加了21倍。我国大豆也由净出口转变为净进口，成为全球主要的大豆进口国之一。

1961~2016年，我国大豆种植面积总体上呈下降趋势，2015年原农业部下发《关于促进大豆生产发展的指导意见》，2022年农业农村部印发《2022年农垦带头扩种大豆油料行动方案》，要求落实地方政府分解下达的大豆油料扩种任务，确保全国农垦大豆种植面积达到1460万亩以上，实现油菜、向日葵、花生等油料作物播种面积稳中有增。农业农村部预测，2022~2023年度中国大豆种植面积993.3万公顷，较上年度大幅增加18.3%，主要原因是东北产区大豆生产者补贴标准持续高于玉米且差距拉大，大豆玉米带状复合种植技术稳步推广，大豆种植积极性提高，大豆产量达到1948万吨，较上年增加18.8%。我国在政策层面支持扩大大豆种植面积，提高单产、改善品质、增加效益，全国各主产区大豆种植面积得到了较为明显的复苏。

（一）研究区域与数据

1. 研究区域

我国有五大优势大豆产区，其中最主要的是北方春大豆区，包括黑龙江、吉林、辽宁、内蒙古东部，此产区大豆为一年一熟作物；其次是黄淮海流域夏大豆区，主要在安徽、河南、江苏等地，此产区大豆为一年两熟轮作作物，一般在冬小麦收获后种植。如表2-3所示，我国大豆产量较高的省份包括黑龙江、内蒙古、四川、河南、安徽、吉林和山东，占全国大豆产量的79.7%。种植面积较高的省份包括黑龙江、内蒙古、安徽、四川、河南、吉林和湖北，占全国大豆种植面积的 80.8%。图 2-4 描述了 2000~2020 年我国大豆种植面积、产量和单产发展态势，2000~2016 年，我国大豆种植面积总体上呈下降趋势，由于 2015 年原农业部下发《关于促进大豆生产发展的指导意见》和 2022 年农业农村部印发《2022 年农垦带头扩种大豆油料行动方案》，在政策层面支持扩大大豆种植面积，提高单产、改善品质、增加效益，全国各主产区大豆种植面积、产量和单产均得到明显提升。

表 2-3　2020 年中国大豆生产情况

省（自治区、直辖市）	种植面积（万公顷）	产量（万吨）	单位产量（吨/公顷）
北京	0.12	0.30	2.50
天津	0.41	0.80	1.95
河北	8.95	22.30	2.49
山西	11.96	20.80	1.74
内蒙古	120.17	234.70	1.95
辽宁	10.32	23.90	2.32
吉林	32.11	64.20	2.00
黑龙江	483.21	920.30	1.90
上海	0.05	0.10	2.00
江苏	19.64	51.90	2.64
浙江	8.28	21.70	2.62
安徽	60.51	92.90	1.54
福建	3.44	9.50	2.76
江西	11.35	27.80	2.45
山东	18.87	55.50	2.94
河南	37.52	93.40	2.49
湖北	21.97	35.50	1.62

续表

省（自治区、直辖市）	种植面积（万公顷）	产量（万吨）	单位产量（吨/公顷）
湖南	11.47	31.20	2.72
广东	3.26	9.10	2.79
广西	9.64	15.40	1.60
海南	0.29	1.00	3.45
重庆	9.81	20.20	2.06
四川	43.27	101.30	2.34
贵州	21.18	22.40	1.06
云南	18.66	46.40	2.49
西藏	0	0	0
陕西	15.13	23.60	1.56
甘肃	4.7	8.20	1.74
青海	0	0	0
宁夏	0.35	0.40	1.14
新疆	1.64	5.20	3.17

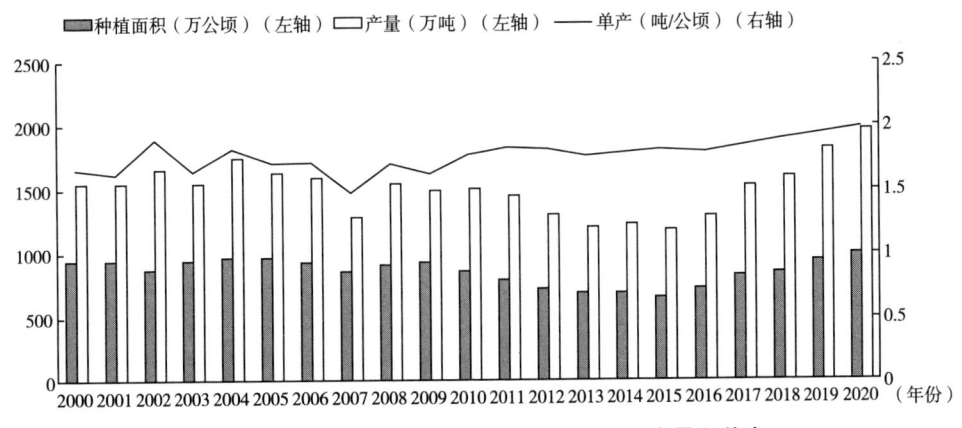

图 2-4　2000~2020 年我国大豆种植面积、产量和单产

2. 数据来源

中国各省份大豆种植面积和产量数据来源于《中国农业统计年鉴》，大豆生产过程的农资投入数据，包括种子使用量、化肥施用量、农用柴油、灌溉耗电、农药，来源于《全国农产品成本收益资料汇编》。本报告中碳排放核算采用了"从摇篮到农场大门"的核算方式，仅核算了种植环节的碳排放，不包括后续加工和食用油加工环节。

（二）结果分析

1. 大豆种植环节碳排放量

大豆种植过程中的主要投入包括人工、种子、化肥、农药以及机械使用，其中化肥在生产与施用用两个阶段都会产生碳排放，农药主要在生产过程会产生大量碳排放，机械使用过程中消耗的燃油也会产生二氧化碳，因此大豆种植过程中温室气体排放主要集中在化肥生产与施用、农药生产、机械化生产的燃油消耗三个方面。本部分基于《中国农业统计年鉴》和《全国农产品成本收益资料汇编》的数据，对我国大豆种植环节的投入品碳排放进行了核算，对各省的碳排放总量和单位产品碳排放强度进行了分析。

（1）化肥生产与施用的碳排放

大豆是需肥量较多的作物，大豆中的蛋白质和脂肪分别是谷类作物的3~4倍和4~8倍，相同数量的大豆种子比谷类作物所需的氮、磷和钾多4~5倍。根据上述计算模型，结合2020年我国大豆种植面积以及肥料施用情况，核算化肥生产耗能排放达到167.74万吨CO_2e，化肥施用过程中的直接和间接碳排放达到702.19万吨CO_2e。化肥生产与施用排放占大豆种植环节碳排放总量的78.85%。2020年各省大豆种植化肥生产和施用过程直接及间接碳排放如图2-5所示。

（2）农药生产的碳排放

结合2020年我国大豆种植面积以及农药使用情况，核算农药生产耗能排放达到144.93万吨CO_2e，占大豆种植环节碳排放总量的13.14%，由此可见，针对大豆种植病虫害的绿色防治将是未来固碳减排的潜在途径。2020年各省大豆种植农药生产碳排放如图2-6所示。

（3）机械使用燃油耗能排放

我国大豆生产在耕整地和播种作业环节基本实现了机械化。2020年全

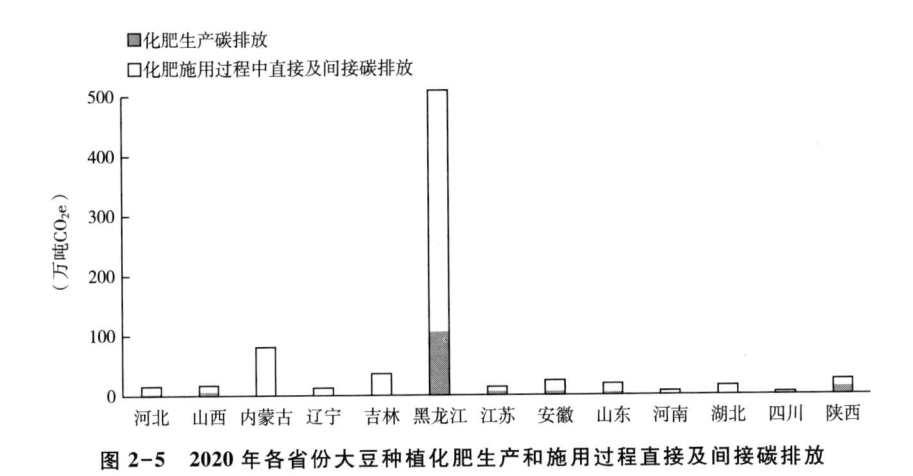

图 2-5　2020 年各省份大豆种植化肥生产和施用过程直接及间接碳排放

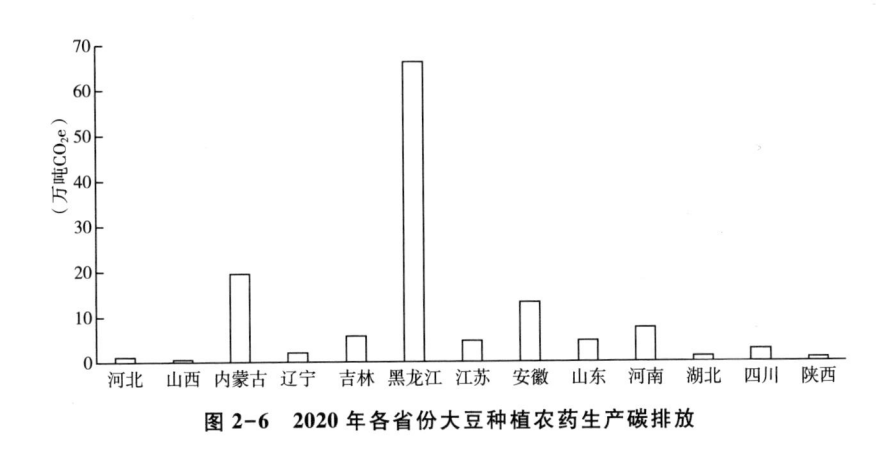

图 2-6　2020 年各省份大豆种植农药生产碳排放

国大豆耕种收综合机械化率达 86.7%，但跟发达国家相比还有一定差距，美国等发达国家大豆综合机械化率一般在 95% 以上。结合 2020 年我国大豆种植面积以及机械使用情况，核算机械使用燃油耗能排放达 88.41 万吨 CO_2e，占大豆种植环节碳排放总量的 8.01%。2020 年各省大豆种植机械使用燃油耗能排放如图 2-7 所示。

2. 省级大豆生产碳排放量

综合化肥生产与施用、农药生产和机械使用燃油耗能排放，我国大豆种植环节碳排放总量为 1103.27 万吨 CO_2e。2020 年各省大豆种植环节碳排放量空间分布如图 2-8 所示。其中，黑龙江由于种植面积广泛，碳排放量

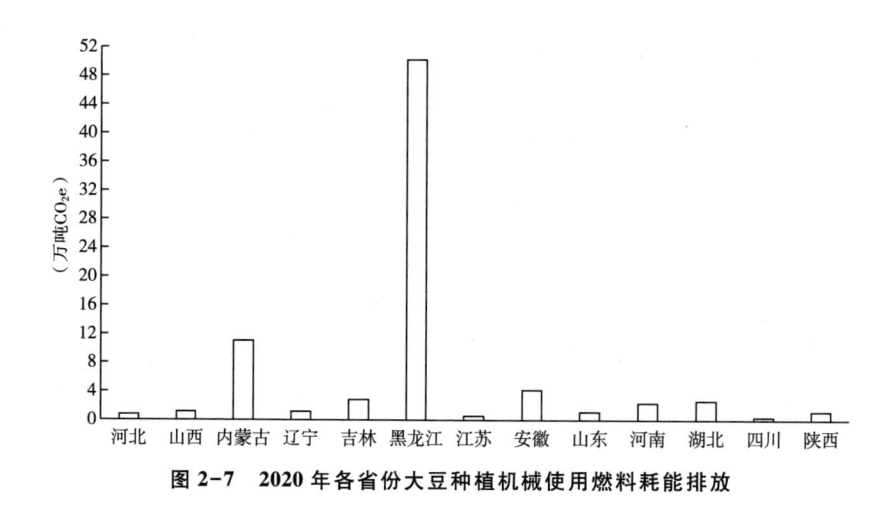

图 2-7　2020 年各省份大豆种植机械使用燃料耗能排放

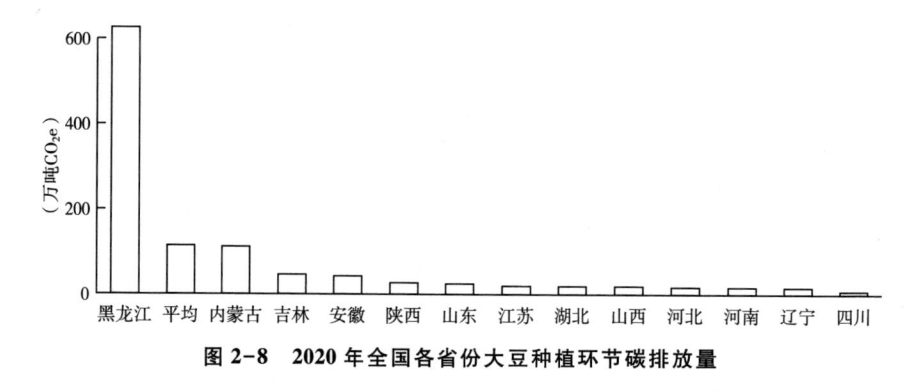

图 2-8　2020 年全国各省份大豆种植环节碳排放量

最高，为 625.98 万吨 CO_2e，占全国总量的 56.74%；其次为内蒙古，碳排放为 110.81 万吨 CO_2e，占全国总量的 10.04%。

3. 中国大豆生产碳足迹

我国大豆生产平均碳足迹为 1084.30kg CO_2e/hm^2，2004~2020 年中国大豆碳足迹变化如图 2-9 所示，变化范围为 952.69~1204.35kg CO_2e/hm^2。各省大豆生产碳足迹具有明显的差距。河北最高，为 1892.05kg CO_2e/hm^2；其次为陕西，为 1760.67kg CO_2e/hm^2；山西、辽宁、吉林和黑龙江的碳足迹也较高，分别为 1595.90kg CO_2e/hm^2、1512.09kg CO_2e/hm^2、1420.56kg CO_2e/hm^2、1295.45kg CO_2e/hm^2。2020 年中国各省大豆生产碳足迹如图 2-10 所示。

图 2-9　2004~2020 年中国大豆生产碳足迹

图 2-10　2020 年中国各省份大豆生产碳足迹

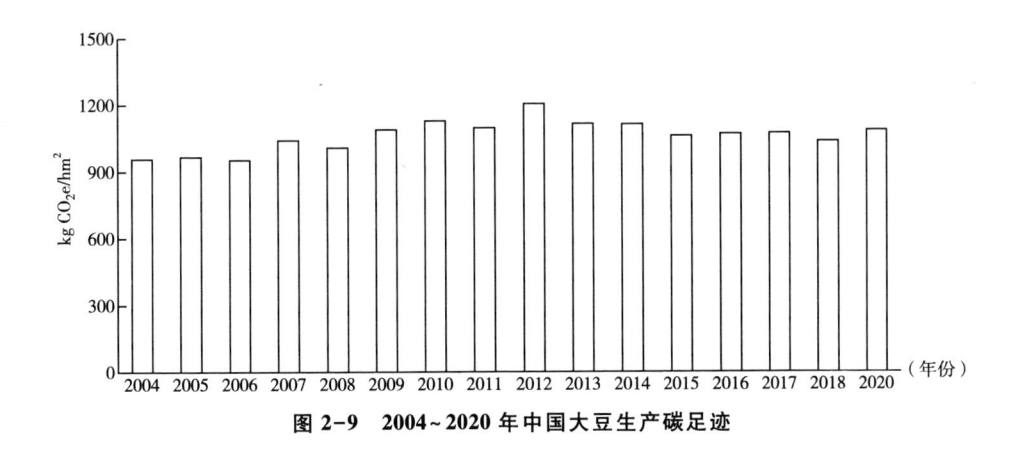

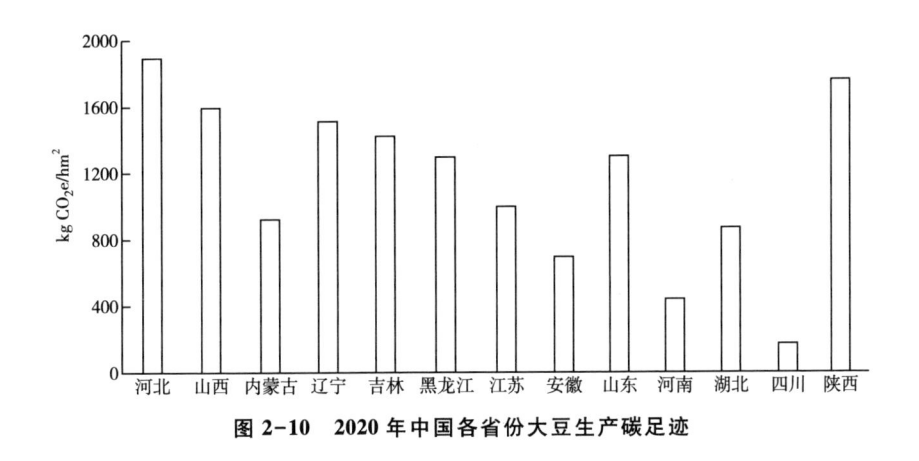

4. 中国大豆生产碳排放强度

中国大豆平均碳排放强度为 0.52kg CO_2e/kg，2004~2020 年中国大豆碳排放强度如图 2-11 所示，大豆单位产量碳排放强度变化范围为 0.52~0.72kg CO_2e/kg，各省单位碳排放强度差异较大，如图 2-12 所示。陕西单位产量碳排放强度最高，为 1.13kg CO_2e/kg，其次为山西 0.92kg CO_2e/kg、河北 0.76kg CO_2e/kg 和吉林 0.71k CO_2eq/kg。

5. 主要大豆种植国碳排放对比

全球范围内大豆广泛种植，2021 年全球大豆产量排名前五的国家分别为巴西、美国、阿根廷、中国和印度，产量分别为 13800 万吨、11475 万吨、4620 万吨、1860 万吨和 1045 万吨，种植面积约为 4200 万公顷、3500 万公顷、

图 2-11　2004~2020 年中国大豆单位产量碳排放强度

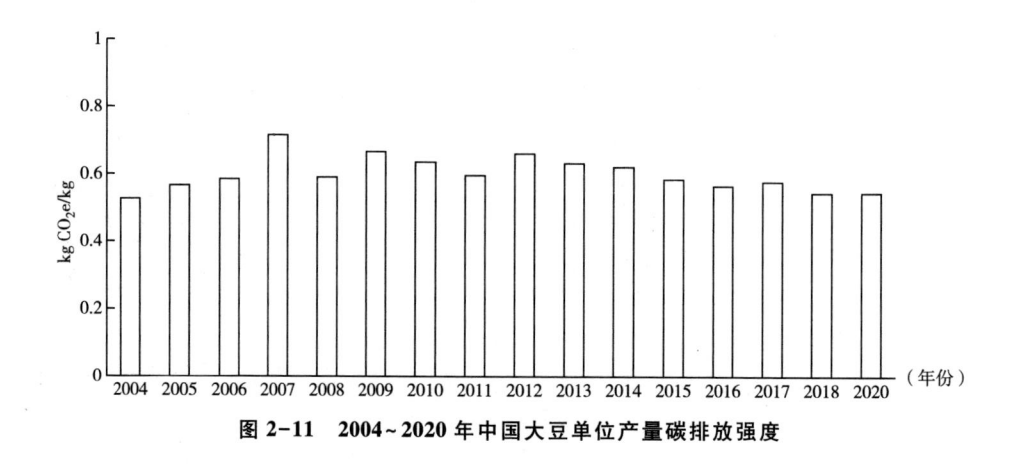

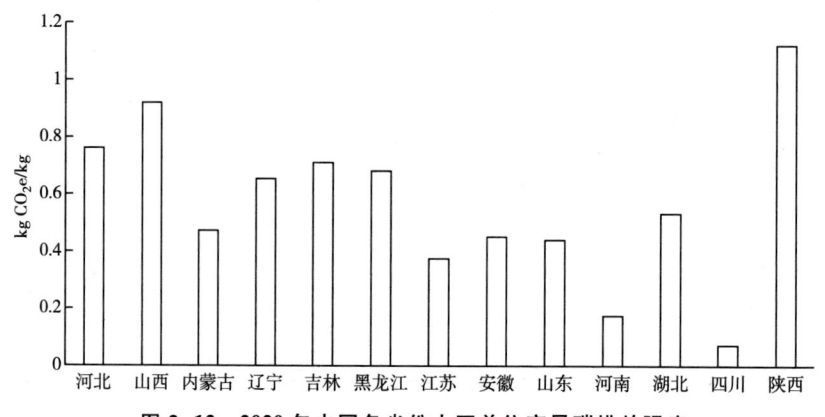

图 2-12　2020 年中国各省份大豆单位产量碳排放强度

1670万公顷、980万公顷和1200万公顷。前三个地区常年位居全球大豆产量的前三名，2021年产量占全球总产量的91.14%。美国有较高的产量、最少的化肥施用和高效的机械，所有这些都有助于减少美国大豆生产的碳排放。据美国大豆出口委员会发布的报告，美国大豆生产单位产量碳排放强度为 0.38kg CO_2e/kg，阿根廷为 0.35kg CO_2e/kg，法国为 0.52kg CO_2e/kg，俄罗斯为 0.77kg CO_2e/kg，乌克兰为 0.61kg CO_2e/kg。巴西和阿根廷大豆排放主要来源为大豆扩种侵占林地，土地利用变化导致的碳排放，研究显示，2010~2015年巴西大豆种植环节碳排放强度为 0.62~0.81kg CO_2e/kg，平均值为 0.69kg CO_2e/kg，但加上土地利用变化导致的碳排放，巴西和阿根廷的大豆碳排放强度分别达到 5.25kg CO_2e/kg 和 5.21kg CO_2e/kg。

（三）结论和讨论

2020年中国大豆种植环节碳排放总量达到1103.27万吨CO_2e。此外，各省份的碳排放总量具有显著的空间差异。其中，黑龙江由于种植面积广泛，碳排放量最高，为625.98万吨CO_2e，占比全国总量的56.74%；其次为内蒙古，碳排放为110.81万吨CO_2e，占比全国总量的10.04%。分省大豆碳足迹和大豆碳排放强度亦表现出显著差异，其中陕西、山西、河北和吉林的大豆碳足迹和碳排放强度均较高，是未来减排的重点关注地区。

农业农村部印发《2022年农垦带头扩种大豆油料行动方案》，要求落实地方政府分解下达的大豆油料扩种任务，未来我国大豆种植面积将继续扩张。如何在面积增加的同时减缓碳排放总量提高、降低碳足迹，是我国未来大豆种植需要重视的重要问题。大豆种植环节氮肥输入是碳排放的主要来源。建议优化氮肥种类与施用量，降低系统碳排放总量。大豆生产的机械化水平对大豆碳排放具有一定影响。建立大豆机械化生产作业规范、推广节水灌溉技术，在提升大豆机械化生产水平的同时降低碳足迹。探索大豆和其他不同作物间作模式，降低碳排放。针对吉林省西部地区的研究发现，燕麦、大豆间作产量和经济效益较高，同时碳足迹较低。

五 马铃薯碳足迹

马铃薯是中国第四大粮食作物，粮菜饲兼用，加工用途多，产业链条长，增产增收潜力大。马铃薯因其营养丰富，被誉为"地下苹果"和"第二面包"。中国是世界马铃薯第一生产大国，约占全球马铃薯年产量的22.32%。马铃薯耐寒、耐旱、耐贫瘠，适应性广，产量高，是三大主粮作物之外的重要补充。我国高度重视马铃薯产业的发展，2016年发布《关于推进马铃薯产业开发的指导意见》，提出把马铃薯作为主粮，扩大种植面积、推进产业开发。"十三五"以来，我国促进马铃薯产业高质量发展，推进马铃薯主粮化，通过培育优良品种、建设科研平台、推动协同创新、强化项目实施等举措，实施马铃薯主粮化关键技术突破行动，取得了显著成绩。促进马铃薯低碳绿色发展对确保我国粮食安全、促进农民增收、推动低碳经济发展具有重要的战略意义。

（一）研究区域和数据

1. 研究区域

中国马铃薯的种植面积在经历了快速增加后趋于平稳。1985~2020 年马铃薯种植面积呈快速增加的趋势，随后逐渐下降，稳定在 720 万公顷左右。总体来看，我国马铃薯产量变化趋势与种植面积变化基本保持一致，2020 年马铃薯产量最高，为 3685.2 万吨。单产可以衡量作物的实际种植水平，我国马铃薯单产逐年提高，从 1985 年的 3.04 吨/公顷增加至 2020 年的 4.14 吨/公顷（见图 2-13）。

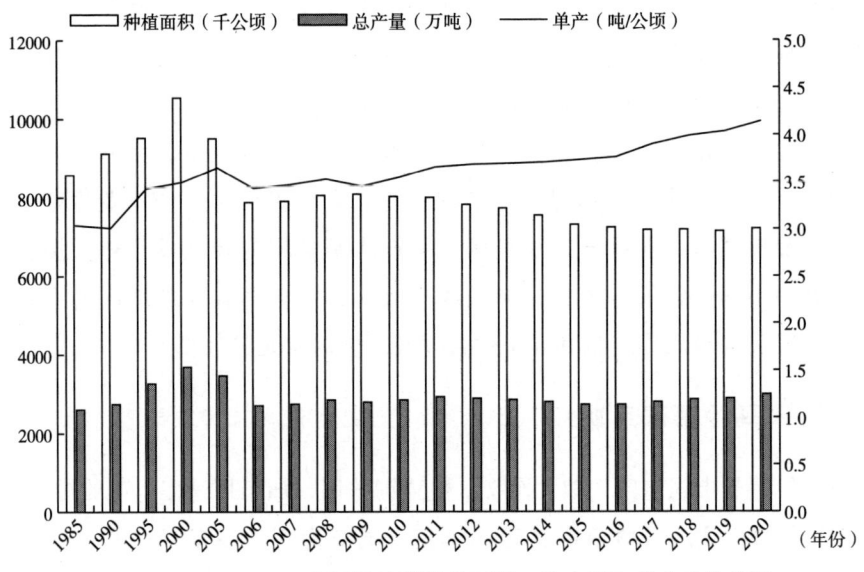

图 2-13　1985~2020 中国马铃薯种植面积、总产量和单产变化情况

中国马铃薯种植的区域格局明显。马铃薯在全国 31 个省（自治区、直辖市）均有种植，栽培形成了区域相对集中、各具特色的北方一作区、中原二作区、西南单双季作区和南方冬作区四大区域（见图 2-14）。

（1）北方一作区

该区域主要包括东北地区的黑龙江、吉林和辽宁除辽东半岛以外的大部，华北地区的河北北部、山西北部、内蒙古全部，西北地区的陕西北部、宁夏、甘肃、青海全部和新疆的天山以北地区等。该区种植面积占全国的

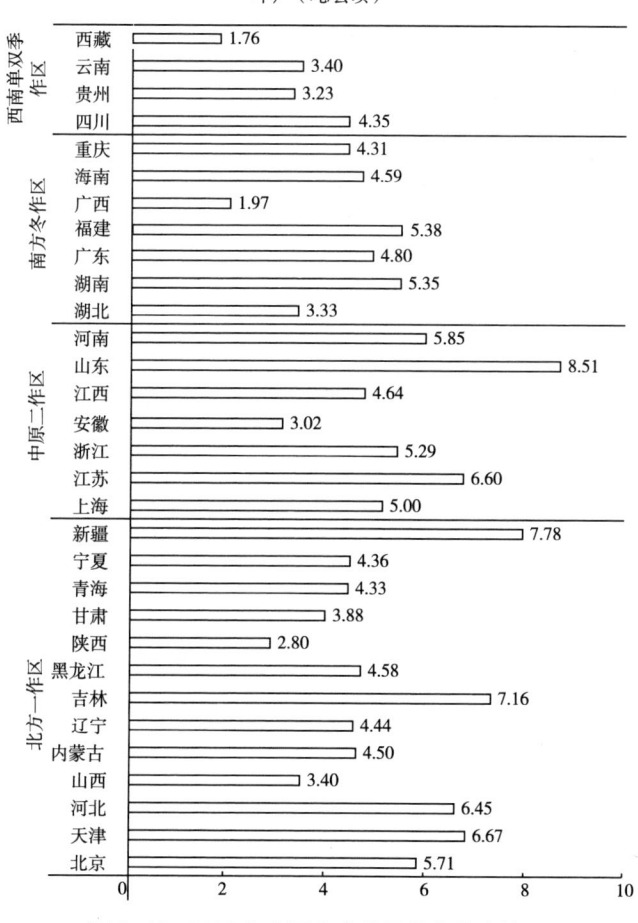

单产（吨/公顷）

图 2-14　2020 年全国各省份马铃薯单产情况

28.1%，是传统优势产区，单产优势明显，区内平均单产 5.08 吨/公顷，是主要的种薯产地和加工原料薯生产基地。

（2）中原二作区

该区域主要包括河南、山东、江苏、浙江、安徽和江西等省。该区马铃薯种植面积占全国的 11.7%，单产平均高达 5.56 吨/公顷。

（3）西南单双季作区

该区域主要包括云南、贵州、四川、西藏等省（自治区、直辖市）。该区是马铃薯面积增长最快的产区，2020 年种植面积占全国的 35.4%，已经跃升为马铃薯最大产区，2020 年单产 3.19 吨/公顷。

（4）南方冬作区

该区域主要包括湖南和湖北东部、广西、广东、福建、海南等地区。该区利用水稻等作物收获后的冬闲田种植马铃薯，在出口和早熟菜用方面效益显著，近年来种植面积迅速扩大，且有较大潜力，种植面积占全国的24.8%，单产4.25吨/公顷。

2. 数据来源

各省份马铃薯的种植面积、单产、总产数据来源于2021年《中国统计年鉴》，马铃薯生产过程的农资投入数据，包括种子使用量、化肥施用量、农用柴油、灌溉耗电、农药，来源于《全国农产品成本收益资料汇编》。

由于马铃薯种植环节生产出的农产品可以直接供消费者使用，不包括精细化加工环节，本报告中碳排放核算采用了"从摇篮到农场大门"的核算方式，仅核算种植环节的碳排放。

（二）结果分析

1. 中国马铃薯种植碳排放变化趋势

结合2011~2020年马铃薯种植面积以及农资投入数据，我们对马铃薯近十年来的各省单位面积碳排放（碳足迹）和单位产量碳排放（碳排放强度）进行核算，并取每年各省的平均值作为该年的碳排放单位数据。通过对近十年来马铃薯的单位产量碳排放和单位面积碳排放的时间变化分析发现，2011~2020年，马铃薯单位产量碳排放总体上是降低的，而单位面积碳排放逐年升高（见图2-15）。

图2-15 2011~2020年马铃薯单位产量和单位面积碳排放

从总体上看，单位产量碳排放和单位面积碳排放存在线性关系（R^2 = 0.2145，P = 0.061）。从图2-16可以看出，西南单双季作区（四川、贵州、云南等）、南方冬作区（湖北、重庆等）以及北方一作区的甘肃、宁夏的单位面积和单位产量碳排放均高于全国平均水平。以河北、陕西、内蒙古为核心的北方一作区（除山西、新疆）的单位面积和单位产量碳排放均低于全国水平，中原二作区（山东等）由于采用春秋二季栽培的种植模式，其单位面积碳排放和单产远高于全国水平。由此可看出，西南单双季作区和南方冬作区减排空间最大，其次是中原二作区。

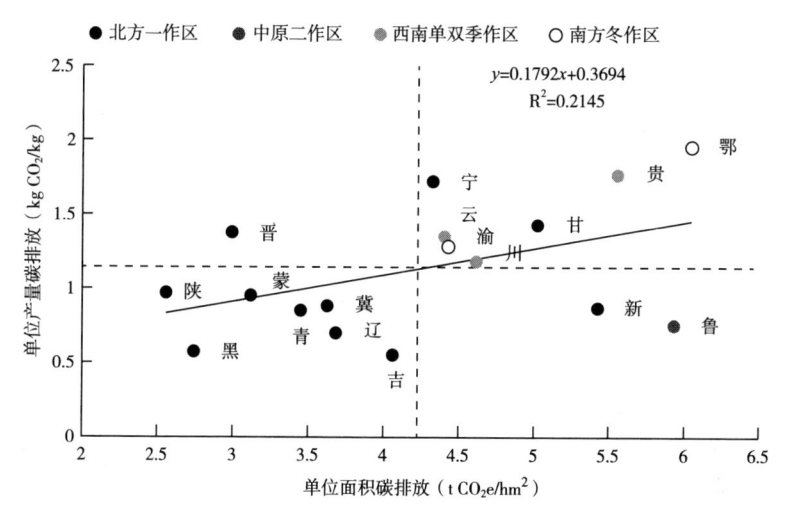

图2-16 马铃薯碳排放时空变化

2. 我国马铃薯种植环节碳排放量

马铃薯种植过程中的主要投入包括人工、种子、化肥、农膜、农药以及机械使用，其中化肥的生产与使用两个阶段都会产生碳排放，农药主要在生产过程中会产生大量碳排放，机械使用过程中消耗的燃油也会产生二氧化碳，因此马铃薯种植过程中温室气体排放主要集中在化肥生产与施用、农药农膜生产、机械使用燃油耗能排放三个方面（见图2-17）。本研究基于2021年《中国统计年鉴》和《全国农产品成本收益资料汇编》的数据，对我国马铃薯种植环节的碳排放进行了核算。

（1）化肥生产碳排放

结合2020年我国马铃薯种植面积以及肥料使用情况，核算化肥上游生

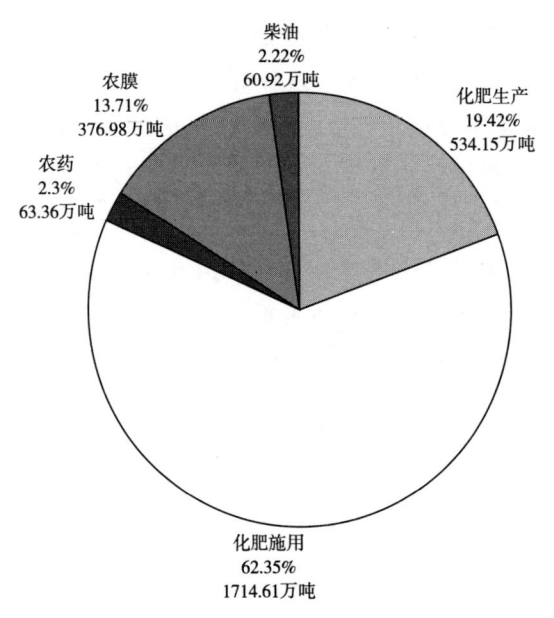

柴油 2.22% 60.92万吨
农膜 13.71% 376.98万吨
农药 2.3% 63.36万吨
化肥生产 19.42% 534.15万吨
化肥施用 62.35% 1714.61万吨

图2-17 2020年马铃薯种植各环节碳排放构成

产耗能排放达到413.01万吨CO_2e。化肥生产碳排放占马铃薯种植环节碳排放总量的19.2%，由此可见，回收利用生产过程中的废弃物，实现废弃物资源化利用，以及提升化肥生产的效率，发展绿色低碳产业，降低化肥生产过程中的碳排放，是降低马铃薯种植碳排放的一个重要举措。2020年各省份马铃薯种植化肥生产碳排放情况如图2-18所示。

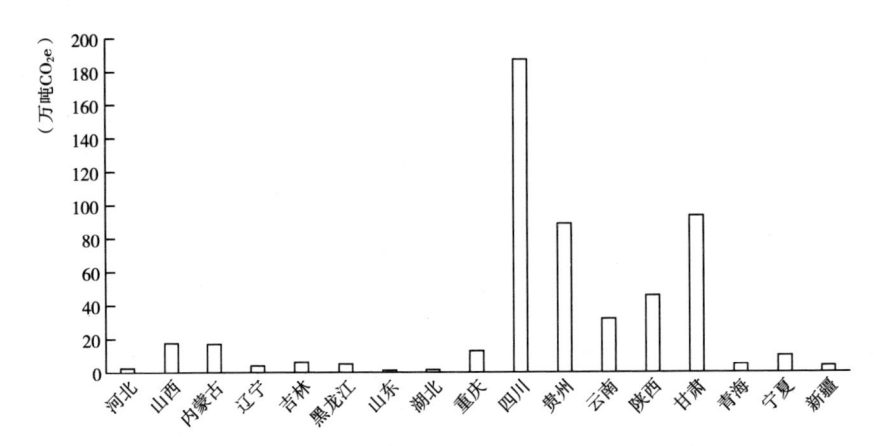

图2-18 2020年各省份马铃薯种植化肥生产碳排放情况

（2）化肥施用碳排放

马铃薯种植中化肥施用产生的碳排放主要包括直接碳排放和间接碳排放，间接碳排放又包括大气沉降、径流和淋溶碳排放。结合2020年我国马铃薯种植面积以及肥料施用情况，核算化肥施用过程中直接和间接碳排放达到1327.09万吨CO_2e。化肥施用碳排放占马铃薯种植环节碳排放总量的61.7%，其中直接排放占72.19%，间接排放占27.81%。由此可见，针对马铃薯种植的减肥增效行动不容忽视，提高马铃薯科学施肥技术与栽培技术有助于提高马铃薯单产和竞争力，增加农民的经济收益，更有效地降低马铃薯种植环节的碳排放。2020年各省份马铃薯化肥施用的直接和间接碳排放情况如图2-19所示。

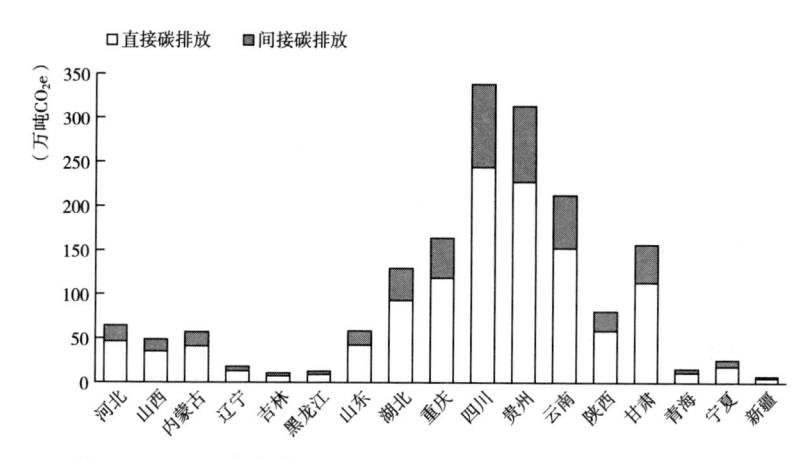

图2-19　2020年各省份马铃薯化肥施用的直接和间接碳排放情况

（3）农药、农膜生产碳排放

结合2020年我国马铃薯种植面积以及农药使用情况，核算农药生产耗能排放达48.05万吨CO_2e，农膜碳排放达314.82万吨CO_2e。农药生产排放占马铃薯种植环节总排放的2.23%，农膜碳排放占14.64%。由此可见，针对马铃薯种植病虫害的绿色防治将是未来的必然趋势，亟须加大对马铃薯绿色防控的资金投入，加大推进生物农药、频振灯诱控、性信息素诱杀等绿色防控技术在马铃薯病虫防控上的应用，补贴项目从应急防控向农业防治、生物防治等源头防控措施转变，应进一步加强马铃薯晚疫病预警系统建设，加大机械化补贴范围，同时应减少农膜使用量，加大回收利用，减少农膜产生的碳排放。2020年各省份马铃薯种植农药、农膜生产碳排放情况如图2-20所示。

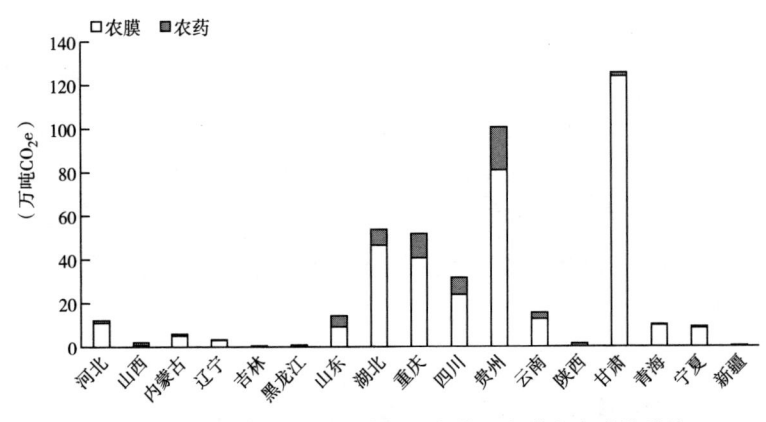

图2-20 2020年各省份马铃薯种植农药、农膜生产碳排放情况

（4）机械使用燃油耗能排放

结合2020年我国马铃薯种植面积以及机械使用情况，核算机械使用燃油耗能排放达47.76万吨CO_2e，占马铃薯种植环节碳排放总量的2.22%。由此可见，机械化生产耗能碳排放在马铃薯种植中所占比重非常小，尤其是随着生物燃油的使用，机械使用燃油耗能排放将进一步降低，马铃薯渣可以用于制备生物燃料，形成"马铃薯种植—机械化生产—马铃薯渣制备燃料—机械装备耗能"的良性循环。因此，我国马铃薯机械化种植应该继续加大力度，实现马铃薯种植的低碳、绿色、优质、高产转型。2020年各省份马铃薯种植使用柴油碳排放情况如图2-21所示。

3. 省级马铃薯种植碳排放总量

各主产区的碳排放总量与种植面积密切相关，排放总量由大到小依次是西南单双季作区、北方一作区、南方冬作区和中原二作区。西南双季作区由于种植面积最大，排放总量占全国总量的比重为45.03%，其中贵州、四川、云南排放总量分别为432.48万吨CO_2e、303.05万吨CO_2e和232.88万吨CO_2e，分别居全国第一、第三和第四。北方一作区排放总量占全国总量的比重为39.25%，区内前三名为甘肃、陕西、内蒙古。南方冬作区排放总量占全国总量的比重为12.23%，其中湖北碳排放量为144.48万吨CO_2e，

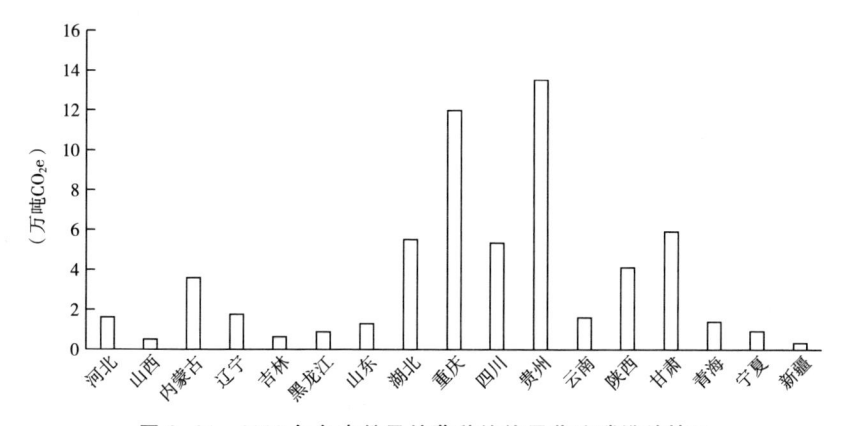

图 2-21 2020 年各省份马铃薯种植使用柴油碳排放情况

重庆碳排放量为 118.60 万吨 CO_2e。中原二作区排放量在全国占比最小，为 3.49%，其中山东排放总量为 75.08 万吨 CO_2e（见图 2-22）。

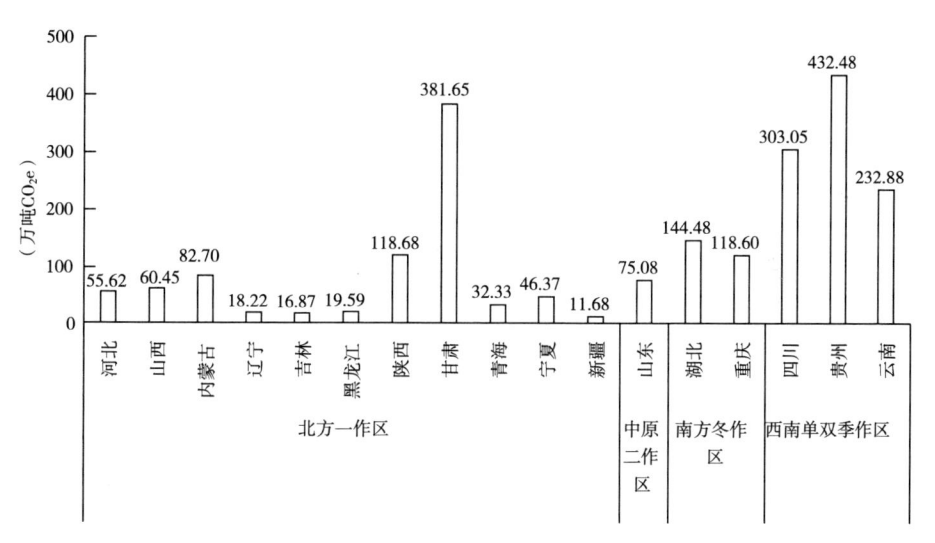

图 2-22 2020 年各主产区马铃薯种植环节碳排放情况

4. 中国马铃薯生产碳足迹水平

中国马铃薯生产平均碳足迹为 4505.97kg CO_2e/hm^2，各省份马铃薯的碳足迹具有明显的空间特征。甘肃最高，平均为 6640.8kg CO_2e/hm^2，其次为新疆 5957.30kg CO_2e/hm^2、湖北 5952.91kg CO_2e/hm^2，最低为黑龙江 2827.37kg CO_2e/hm^2（见图 2-23）。

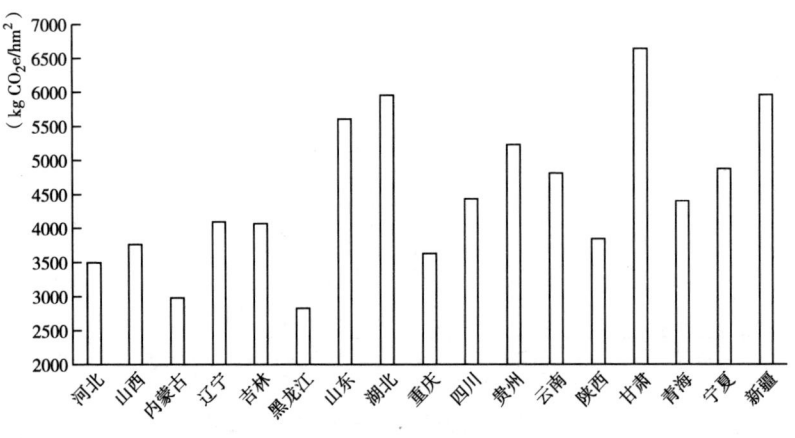

图 2-23　2020 年各省份马铃薯生产碳足迹

5. 中国马铃薯生产碳排放强度

中国马铃薯生产平均碳排放强度为 1.04kg CO_2e/kg，各省份单位产量碳排放强度差异较大。湖北最高，平均为 1.79kg CO_2e/kg，其次为甘肃 1.71kg CO_2e/kg 和贵州 1.62kg CO_2e/kg，最低为河北 0.54kg CO_2e/k（见图 2-24）。

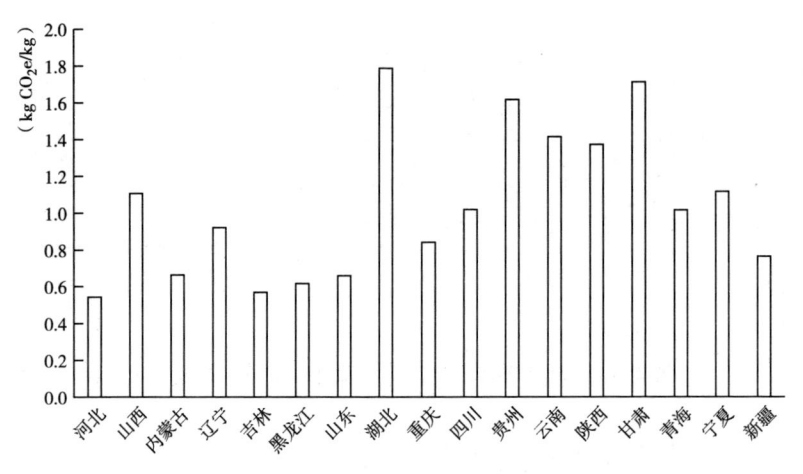

图 2-24　2020 年各省份马铃薯生产碳排放强度

6. 国外马铃薯主产国的碳排放强度

中国、印度、乌克兰、俄罗斯、美国 5 国马铃薯产量占全球一半，种植面积分别为 478.95 万公顷、218.4 万公顷、131.45 万公顷、118.23 万公顷、

41.14 万公顷。在这 5 个国家中，美国的碳排放强度最高，印度的碳排放强度最低。由于种植面积大，我国马铃薯生产碳排放总量依然很高，单位产量碳排放强度有待进一步降低（见图 2-25）。

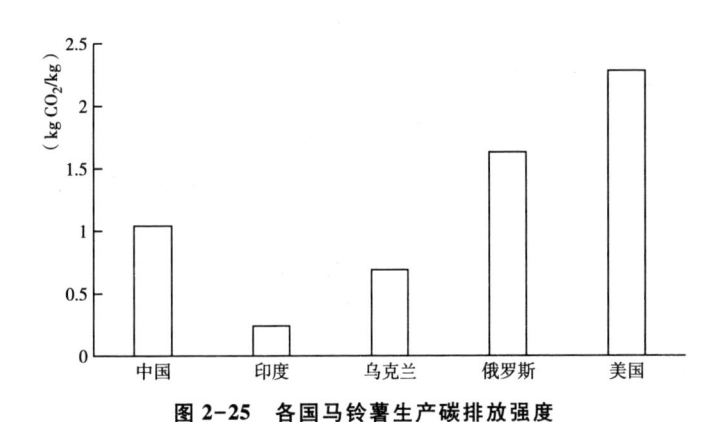

图 2-25　各国马铃薯生产碳排放强度

（三）结论

2020 年全国马铃薯种植环节碳排放总量达到 2150.73 万吨 CO_2e，碳足迹为 4505.97kg CO_2e/hm^2，碳排放强度为 1.04kg CO_2e/kg。此外，各省份的碳排放总量具有显著的空间差异。分省碳足迹和碳排放强度亦表现出显著差异，其中甘肃碳足迹最高，为 6640.8kg CO_2e/hm^2，新疆次之，为 5957.30kg CO_2e/hm^2；湖北省碳排放强度最高，为 1.79kg CO_2e/kg，其次是甘肃，为 1.71kg CO_2e/kg，需要在种植环节减排中予以关注。

六　甘蔗碳足迹

甘蔗是一种高大粗实的禾本科多年生草本植物，在世界热带和亚热带以及部分温带地区都有栽培，是全球第一大糖料作物和第二大生物能源作物。中国是世界第三大甘蔗生产国。虽然中国甘蔗生产的面积和总产量水平都较高，但与甘蔗生产强国巴西、澳大利亚、美国等相比，单位面积产量仍有不小的差距，而且单位面积的肥料投入量远高于上述国家，导致施肥成本高、养分利用效率低、环境污染风险大等问题突出。当前中国农业面临向绿色生产转型的重大挑战，甘蔗生产也必须实现低碳发展。

（一）研究区域与数据

1. 研究区域

中国近 20 年的甘蔗产量变化趋势与种植面积变化基本保持一致，2008 年甘蔗产量达到最高，为 12152 万吨。作为中国主要糖料作物，甘蔗在全国 16 个省（自治区、直辖市）均有种植（见表 2-4）。其中，广西、云南、广东是中国甘蔗的三大主产区，2020 年种植面积分别为 87.48 万公顷、23.57 万公顷、15.89 万公顷，分别占全国总种植面积的 64.6%、17.4% 和 11.7%。产量方面，广西、云南、广东位列前三。总体来看，各产区单产水平差异较大，单产最高的为广东，达到 86.0 吨/公顷，最低的是陕西，仅有 37.5 吨/公顷。受数据可获得性限制，本报告选取广西、云南、广东、海南四省（区）开展甘蔗碳足迹核算，四省（区）甘蔗总种植面积占全国甘蔗种植的 95%，产量占全国总产量的 96.9%，因此以广西、云南、广东、海南四省（区）开展甘蔗碳足迹分析能够代表全国的甘蔗碳排放水平。

表 2-4　2020 年中国甘蔗生产情况

省（自治区、直辖市）	种植面积（万公顷）	产量（万吨）	单位产量（吨/公顷）
广西	87.48	7412.5	84.7
云南	23.57	1597.2	67.8
广东	15.89	1366.8	86.0
海南	1.79	105.8	59.0
江西	1.36	61.2	45.1
贵州	1.02	61.3	59.9
四川	0.97	37.8	39.0
湖南	0.80	34.9	46.0
浙江	0.72	46.4	67.0
湖北	0.66	28.2	42.5
福建	0.49	27.0	55.0
安徽	0.27	11.1	41.1
重庆	0.19	8.2	43.6
河南	0.15	10.7	70.8
江苏	0.08	5.2	64.3
陕西	0.02	0.8	37.5

2. 数据来源

中国各省份甘蔗种植面积、单产、总产数据来源于2021年《中国统计年鉴》，甘蔗生产过程的农资投入数据，包括种子使用量、化肥施用量、农用柴油、灌溉耗电、农药，来源于2021年《全国农产品成本收益资料汇编》。本报告中碳排放核算采用了"从摇篮到农场大门"的核算方式，仅核算了种植环节的碳排放，不包括后续蔗糖加工环节。

（二）结果分析

甘蔗种植过程中的主要投入包括人工、种子、化肥、农药以及机械使用，其中化肥在生产与施用两个阶段都会产生碳排放，农药主要在生产过程中产生大量碳排放，机械使用过程中消耗的燃油也会产生二氧化碳，因此甘蔗种植过程中温室气体排放主要集中在化肥生产与施用、农药生产、机械使用燃油耗能排放三个方面。另外，甘蔗作为C_4作物，在生长过程中会吸收空气中CO_2，释放O_2，进行光合作用，并通过根系生长改善土壤碳汇状况。因此，对于甘蔗种植环节的碳排放核算，需要综合考虑甘蔗种植过程中投入品产生的排放，也要兼顾甘蔗生长过程中产生的碳汇。由于数据的可获得性受限以及缺少甘蔗碳汇研究，本部分主要对我国甘蔗种植环节的投入品碳排放进行核算，未考虑甘蔗土壤碳汇。

1. 中国甘蔗生产各环节碳排放量

（1）化肥生产与施用的碳排放

甘蔗生长期长、生物量大，对养分需求量较大，其产量和品质与氮、磷、钾等主要养分密切相关。因此，生产上普遍采取增施化肥以获得高产、高糖和高收益。研究显示，我国甘蔗生产中化肥施用量普遍偏高，平均施肥量是世界平均水平的2~3倍，是发达国家的5~10倍，肥料利用率低。根据2020年我国主产省份甘蔗种植面积以及肥料施用情况，核算化肥生产耗能排放达346.1万吨CO_2e，化肥施用过程中直接和间接碳排放达470.7万吨CO_2e。化肥生产与施用的碳排放占甘蔗种植环节碳排放总量的91.6%，由此可见，针对甘蔗种植的减肥增效行动迫在眉睫，只有大幅度降低化肥施用，才能最快、最有效地降低甘蔗种植环节的碳排放。我国甘蔗化肥利用率低的原因有三个：一是施肥结构不合理，甘蔗对氮、磷、钾的吸收以钾最多，其次是氮，磷最少，而传统施肥习惯是氮肥施用量最大，导致氮、磷、钾比例失调，过量氮肥损失造成浪费；二是甘蔗不同生长期对养分的需求不同，总的来说是苗期和成熟期少、伸长期多，但部分蔗农在种植甘蔗时基肥通常一次性施用大量速效肥，中后期不追肥或追肥不及时，导致化肥供应和蔗株吸收不吻合；三是施肥技术不当，管理宿根蔗时，不破垄开沟而直接施于蔗兜，且不及时培土，导致化肥挥发流失严重。

（2）农药生产碳排放

我国甘蔗种植过程中农药使用非常普遍，根据2020年我国主产省份甘蔗种植面积以及农药使用情况，核算农药生产耗能排放达59.4万吨CO_2e。农药生产排放占甘蔗种植环节碳排放总量的6.7%，由此可见，针对甘蔗种植病虫害的绿色防治是未来的必然趋势。

（3）机械使用燃油耗能排放

世界上发达的产蔗国家，如澳大利亚、美国等，由于土地平坦、广阔、肥沃，甘蔗种植规模大，有利于机械化作业，甘蔗生产已实现了耕、种、管、收全程机械化。我国甘蔗生产除耕整地和运输作业摆脱人畜劳作外，其他环节仍主要依靠人工生产，特别是甘蔗种植和收获等劳动量大的环节，还停留在原始的纯人工生产模式。当前，我国甘蔗种植过程中耕作环节机械化程度最高，种植环节居中，收获环节机械化程度最低。根据2020年我国甘蔗种植面积以及机械使用情况，核算机械使用燃油耗能排放达15.4万吨CO_2e，占甘蔗种植环节碳排放总量的1.7%。由此可见，机械化生产耗能碳排放在甘蔗种植中所占比重还非常小，尤其随着生物燃油的使用，机械燃油排放将进一步降低，甘蔗渣可以用于制备生物燃料，形成"甘蔗种植—机械化生产—甘蔗渣制备燃料—机械装备耗能"的良性循环。我国甘蔗机械化种植应该继续加大力度，实现甘蔗种植的低碳、绿色、优质、高产转型。

2. 省级甘蔗生产碳排放量

从各省甘蔗种植环节碳排放分布来看，2020年广西在甘蔗种植环节排放总量最大，超过了665万吨CO_2e，这与甘蔗种植面积及产量密切相关，广西甘蔗种植面积超过87万公顷，产量超过7400万吨；广东甘蔗种植环节排放总量达143万吨CO_2e；云南甘蔗种植环节碳排放总量超过100万吨CO_2e；海南甘蔗种植环节碳排放总量为4.7万吨CO_2e（见图2-26）。

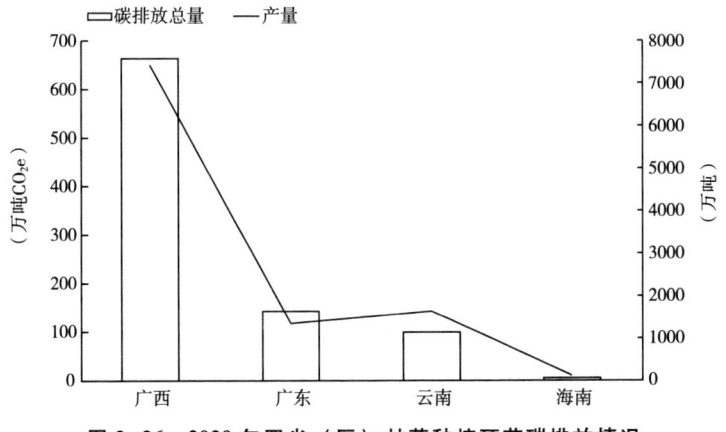

图 2-26　2020 年四省（区）甘蔗种植环节碳排放情况

3. 中国甘蔗生产碳排放强度

从甘蔗主要种植省份 2004~2020 年排放情况来看（见图 2-27），广西、广东、云南、海南温室气体排放强度近几年都呈下降趋势，四省（区）平均碳排放强度为 0.087kg CO_2e/kg，平均碳足迹为 7093.2kg CO_2e/hm^2。其中，广西作为甘蔗种植第一大省（区），2020 年碳排放强度为 0.09kg CO_2e/kg，碳足迹为 7603.9kg CO_2e/hm^2；云南甘蔗种植面积与产量居第二位，2020 年碳排放强度为 0.063kg CO_2e/kg，碳足迹为 4249.7kg CO_2e/hm^2；广东甘蔗种植面积与产量居于第三位，2020 年碳排放强度为 0.105kg CO_2e/kg，碳足迹为 9003.0kg CO_2e/hm^2；海南甘蔗种植面积与产量居第四位，2020 年碳排放强度为 0.044kg CO_2e/kg，碳足迹为 2621.1kg CO_2e/hm^2。

4. 主要甘蔗种植国碳排放对比

全球甘蔗产区集中分布于亚洲和南北美洲的南北回归线间。以巴西和印度最集中（约占世界甘蔗产量的 40%），其次是中国、古巴、墨西哥、巴基斯坦等。2021 年，巴西甘蔗种植面积为 945 万公顷，产量为 6.5 亿吨；印度甘蔗种植面积为 543.7 万公顷，产量为 3.8 亿吨；中国甘蔗种植面积为 135.5 万公顷，产量为 1.1 亿吨。根据英国牛津大学公布的全球肥料施用数据，我们初步估算，巴西甘蔗种植年碳排放量接近 1800 万吨 CO_2e，印度甘蔗种植年碳排放量为 1600 万吨 CO_2e，与中国比较，巴西甘蔗种植年碳排放量是中国的约 2 倍，印度甘蔗种植年碳排放量是中国的约 1.8 倍。

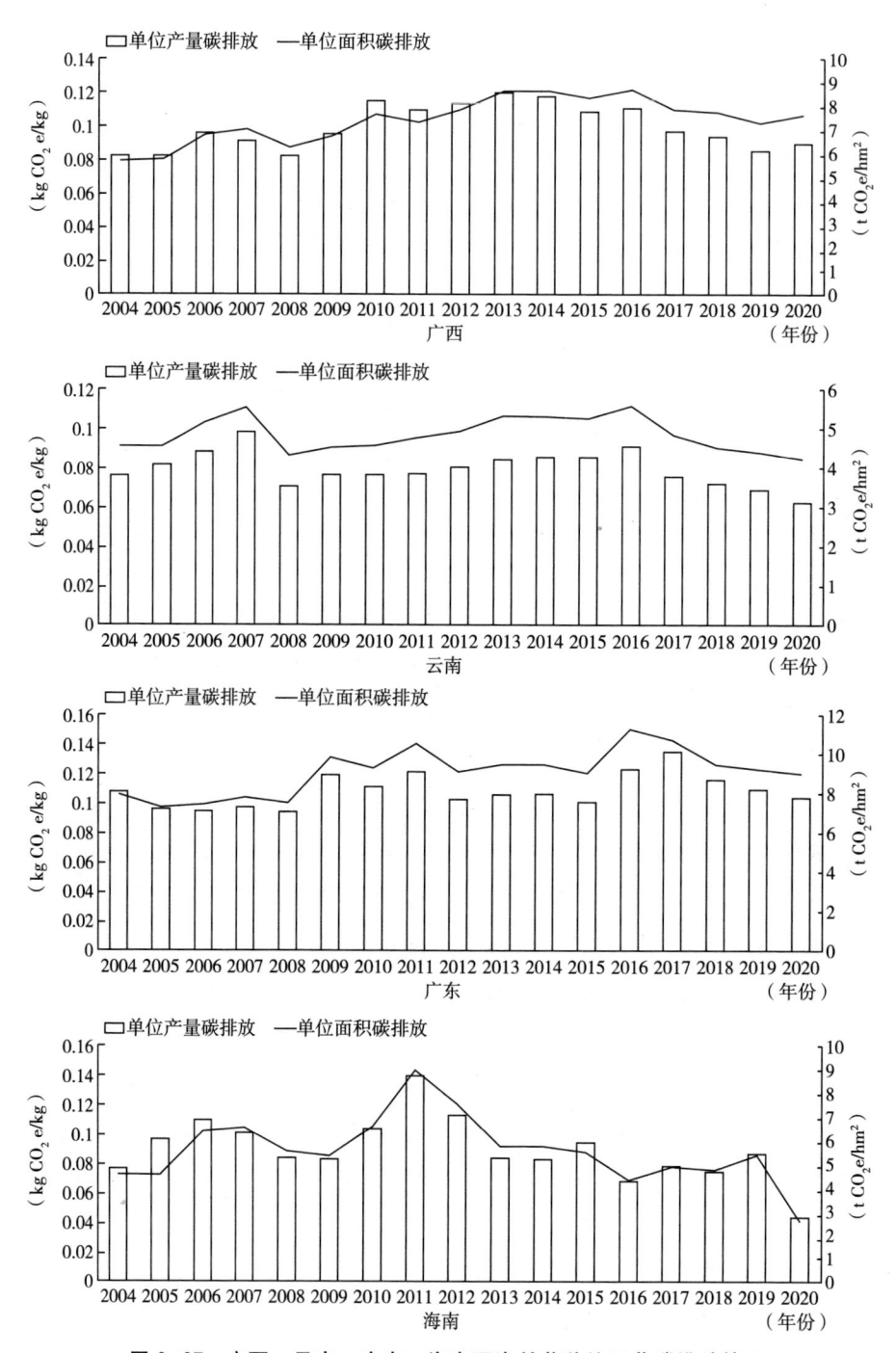

图 2-27 广西、云南、广东、海南四省甘蔗种植环节碳排放情况

（三）结论和建议

综合来看，我国甘蔗种植环节碳排放将达到 891.6 万吨 CO_2e，其中化肥生产与施用产生的碳排放占 91.6%，农药生产碳排放占 6.7%，机械燃油耗能碳排放占 1.7%。从全球甘蔗研究来看，利用甘蔗开发低碳产品模式的研究相对较多，如巴西大力推动甘蔗制作生物燃料，通过生物乙醇替代汽油降低温室气体排放；乐高公司探索将玩具原材料由聚乙烯塑料转换为甘蔗，降低碳排放与环境污染。但全球对甘蔗种植阶段的碳足迹研究相对较少，我国暂时处在领先位置，若能够推进更加精细化的数据采集与排放因子测算，将有力推动我国甘蔗种植实现碳中和。要实现蔗糖产业的健康可持续发展，就必须认真贯彻落实《到 2020 年化肥使用量零增长行动方案》和《到 2020 年农药使用量零增长行动方案》，在推进甘蔗生产化肥农药减施增效上精准发力。

七　生猪碳足迹

生猪是我国最主要的畜禽饲养品种，年出栏量约占全球的一半，在我国畜牧业中占有绝对地位，生猪产值约占我国畜牧业产值的一半，生猪养殖是我国农业主要温室气体排放源。然而，随着养殖模式和废弃物管理方式的转变，种养分离脱节，给环境造成巨大压力，包括水体污染、大气污染和温室气体排放等。科学评估生猪养殖温室气体排放碳足迹，对控制畜禽养殖业温室气体排放，降低畜禽产品的碳排放强度具有重要的科学和实用意义。目前有关畜牧业碳足迹的研究多集中在"从摇篮到农场大门"阶段，主要包括畜禽养殖过程中的肠道甲烷排放、粪便管理甲烷和氧化亚氮排放，养殖场生产管理的二氧化碳排放还包括饲料生产与加工的前端排放。因此，本部分主要从生猪养殖的主要环节，采用生命周期分析法（LCA 法），选择规模化生猪养殖场，对"从摇篮到养殖场大门"阶段的碳足迹进行评估，以揭示典型的规模化生猪养殖过程的碳排放结构，为我国制定行之有效的畜牧业温室气体减排措施提供科学参考。

（一）研究对象和数据来源

基于生猪碳足迹核算方法，对典型的规模化生猪养殖场生猪养殖碳足迹进行评估，所选案例猪场为河北省一个大型规模化生猪养殖场，生猪饲养品种主要是长白猪和大白猪，该养殖场建有完整的粪污处理与利用系统。

案例猪场年度平均存栏量为6.6万头，其中母猪7200头，育肥猪5.9万头，年出栏商品猪为13.9万头，出栏生猪平均体重为110kg。

养殖场不同饲养阶段的猪群均采用自配料饲喂，主要原料配方中玉米占比为63%、豆粕占比为18%、麦麸占比为13%，其他成分（包括微量元素和添加剂）占比6%。本研究中，玉米、豆粕和麦麸分别来自山西晋中市、山东临沂市和河北衡水市。在猪舍清粪工艺方面，妊娠猪舍、哺乳猪舍和保育猪舍采用水泡粪工艺，育肥猪舍采用干清粪工艺；在猪场粪污管理方面，所有粪污都进行大型沼气发电，沼气发酵液进行固液分离后，固体进行发酵生产有机肥，沼液进行密闭贮存后生产液体肥料还田利用。

(二) 结果分析

1. 饲料生产过程中的碳排放

饲料生产过程中的碳排放主要包括化肥生产和运输、农膜和农药生产、灌溉和农机具使用的能耗以及肥料施用、饲料加工和运输等产生的排放。在饲料原料生产过程中，含氮肥料施用带来的温室气体排放量最大，占饲料生产总排放量的31.5%，其次是饲料原料运输产生的排放，占比为22.6%，饲料原料生产过程中的肥料加工也是主要的温室气体排放源，占比约为11.3%，综合饲料生产环节，含氮肥料施用、饲料原料运输和灌溉是生猪养殖饲料生产的三个主要温室气体排放源，共占饲料生产环节总排放量的73%，在后续减排措施选择中应重点关注，可以采取低排放的肥料施用管理、在饲料原料丰富的区域布局养殖场、实施种养结合等。

2. 粪便管理过程中的碳排放

本案例中，生猪养殖生产系统中的粪便管理环节产生的温室气体排放量核算从养殖场猪舍内粪便暂存开始，截止于舍外养殖场大门内的粪便管理系统。可将粪便管理环节分为舍内和舍外两个部分。舍内部分即妊娠猪舍、哺乳猪舍和保育猪舍内粪坑的粪便暂存系统；舍外部分即猪舍外养殖场内厌氧发酵和沼液氧化塘储存的粪便管理系统。舍内和舍外排放量占粪便管理环节总排放量的比例分别为16%和84%，其中沼气工程厌氧发酵过程带来的排放贡献了40.56%，氧化塘处理带来的排放贡献了43.44%。结果显示，氧化塘处理是粪便管理环节最大的排放源，其次为厌氧发酵过程，舍内粪便暂存带来的排放贡献最小。

3. 养殖场能耗导致的碳排放

本案例中，养殖场的能耗主要来自生产管理过程中电力消耗和场内运输等燃料消耗，其中电力消耗是最主要的排放源，占该环节总排放量的99.3%，主要来源于养殖生产过程中照明、环境管理等电力消费，占比约为91.4%，废弃物管理环节的电力消费占比约为8.6%，柴油消耗主要用于养殖场内备用电机和运输车辆，这部分占比较小，仅为能源消耗的0.7%。

4. 动物肠道甲烷排放

生猪是单胃动物，主要以精饲料为主，肠道发酵产生的甲烷排放占比较小，本案例研究的肠道发酵环节，不同生长阶段猪群中的育肥猪肠道发酵的甲烷年排放量最大，占该环节甲烷年排放总量的76.1%；其次是妊娠母猪，占比为11.3%，保育仔猪占比为7.7%，哺乳母猪占比为4.9%。

（三）结论

在本案例中，单位体重生猪的碳足迹为2.72kg CO_2/kg LW。从不同生产环节贡献来分析，饲料生产环节对生猪生产过程中的碳足迹贡献最高，占比达46%，其次是动物粪便管理甲烷和氧化亚氮排放，占比达34%，养殖场能耗贡献占比为15%，生猪养殖过程中的肠道甲烷排放贡献占比最低，只有5%（图2-28）。从结果来看，生猪生产过程中的饲料生产温室气体排

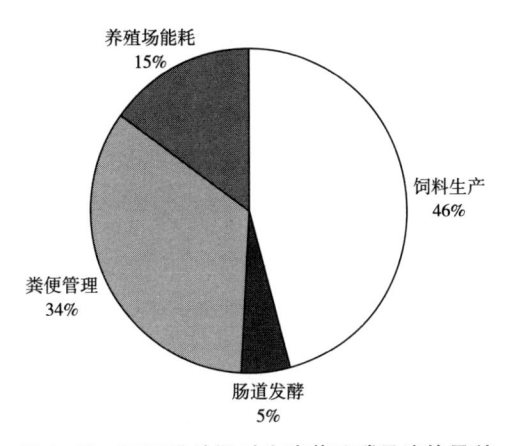

图2-28 不同排放源对生猪养殖碳足迹的贡献

放占比最大。饲料生产产业链条较长,包括饲料原料种植、饲料原料运输和饲料加工等,其中饲料种植环节的含氮肥料施用、饲料原料运输和灌溉能耗是最大的温室气体排放源,共占饲料生产环节总排放量的 73%。因此,在后续减排措施的选择上应重点关注这三个方面。从养殖场的角度来看,应该重点关注粪便管理过程中的温室气体排放,如采用干清粪工艺,减少粪污在猪舍的留存时间,同时通过厌氧沼气进行回收利用,综合减少氮肥施用、缩短饲料原料运输距离和次数,并饲喂低蛋白饲料,降低粪便中的氮含量,碳减排潜力可达 26%。

主要参考文献:

Adisa Azapagic, John Bore, Beatrice Cheserek, et al. "The Global Warming Potential of Production and Consumption of Kenyan Tea," *Journal of Cleaner Production*, 2016, 112: 4031-4040.

Eranki P. L., Devkota J., Landis A. E., "Carbon Footprint of Corn-soy-oats Rotations in the US Midwest Using Data from Real Biological Farm Management Practices," *Journal of Cleaner Production*, 2019, 210: 170-180.

Escobar, Neus, et al., "Spatially-explicit Footprints of Agricultural Commodities: Mapping Carbon Emissions Embodied in Brazil's Soy Exports," *Global Environmental Change* 2020 (62): 102067.

Georg Cichorowski, Bettina Joa, Heidi Hottenroth, et al., "Scenario Analysis of Life Cycle Greenhouse Gas Emissions of Darjeeling Tea," *The International Journal of Life Cycle Assessment*, 2015 (4).

Lathuillière, Michael J., et al., "Environmental Footprints Show China and Europe's Evolving Resource Appropriation for Soybean Production in Mato Grosso, Brazil," *Environmental Research Letters*, 2014, 9 (7): 074001.

Mohan Munasinghe, Yvani Deraniyagala, Nisitha Dassanayake, et al., "Economic, Social and Environmental Impacts and Overall Sustainability of the Tea Sector in Sri Lanka," *Sustainable Production and Consumption*, 2017, 12: 155-169.

楚天舒、赖世宣、韩鲁佳、杨增玲:《采用碳足迹评价中国与哈萨克斯坦大豆机械化生产模式》,《农业工程学报》2021 年第 3 期。

惠博文、刘锐、李健、孙君茂:《生命周期视角下食品碳足迹的评估及案例分析》,《食品科学》2022 年第 7 期。

马怀英、王上、杨亚东、冯晓敏、曾昭海、任长忠、臧华栋、胡跃高:《燕麦与豆科作物间作的产量、经济效益与碳足迹分析》,《中国农业大学学报》2021 年第 8 期。

周新军、满朝翰:《全生命周期碳排放核算方法及其应用》,《铁路节能环保与安全卫生》2019 年第 4 期。

陈达、钱堃、宁可等：《探讨中国农业快速清洁生产审核方法》，《环境保护与循环经济》2021 年第 10 期。

陈瑾瑜、张文秀：《低碳农业发展的综合评价——以四川省为例》，《经济问题》2015 年第 2 期。

杜华章：《江苏省低碳农业发展水平综合评价》，《山西农业大学学报》（社会科学版）2010 年第 4 期。

范纯增、许源、顾海英：《崇明东滩低碳农业园区建设绩效评估》，《长江流域资源与环境》2011 年第 12 期。

罗良国、王艳、秦丽欢等：《农业清洁生产评价指标与审核体系的初步研究》，《农业环境与发展》，2011 年第 6 期。

骆旭添：《低碳农业发展理论与模式研究》，博士学位论文，福建农林大学，2011。

谢淑娟：《低碳农业发展评价指标体系的构建与应用》，《生态经济》（学术版）2013 年第 2 期。

张颂心：《浙江省低碳农业经济评价指标体系构建及评价》，《农学学报》2018 年第 6 期。

第三章　固碳减排技术与模式

摘　要

农业农村领域减排固碳是我国碳达峰碳中和的重要组成部分，也是实现低碳绿色发展的必然需求，面对保障粮食安全和农产品有效供给等挑战，需要以更加有力的举措来推进农业农村绿色低碳转型。科技创新是推进农业农村减排固碳的重要驱动力，要大力推进农业农村固碳减排技术与模式的研发与推广应用，着力破解农业绿色低碳关键技术，开展联合攻关和协同创新，加快先进适用减污降碳技术研发和推广应用，支撑我国农业农村低碳发展水平的提升。

农业发展的首要任务是保障国家粮食安全和重要农产品供给，需要准确把握降碳和保供的关系，在牢牢守住保障国家粮食安全底线的前提下，充分挖掘减排增汇潜力，推进农业农村减污降碳协同增效。为此，本章聚焦种植业、养殖业、土壤固碳、可再生能源、农机渔机和气候韧性六大领域，梳理总结国内外技术现状，提炼主要做法和成效，针对存在的问题和挑战提出意见建议，明确下一步低碳农业科技创新重点发展方向，为推动农业农村减排固碳科技水平提升，助力实现国家"双碳"战略目标做出积极贡献。

第一，农业生产减排增产难兼顾，低碳发展与提质增效难协调，农业农村固碳减排综合模式单一，综合模式较少且缺乏区域针对性推广。我国种植业和养殖业温室气体排放基数大，面临增产减排降污协同关键技术缺乏等问题，因此需着力发掘农业减碳增效关键技术，探索减污降碳协同路径和丰产减排协同生产模式。目前，我国种植业减排技术的成本收益综合评估研究相对滞后，要真正做到提质增效、成本较低的经济实用减排技术研发还面临很大挑战。

第二，农用地固碳能力不强，农田碳汇技术相对落后，技术创新和前沿性不足。国家重点研发项目和专业研究机构投入力度不够，成熟高效的农田碳汇技术和产品缺乏；国家对绿色金融政策支持不够，农业固碳减排市场交易项目基本空白，社会资本参与程度相对较低。

第三，可再生能源减排降碳支撑政策体系不完善，产业化发展瓶颈有待突破。生物质能利用技术水平有待提高；新技术和新材料应用成本高，降低绿色溢价推广应用挑战大；基础研究薄弱，协同创新不足，提升农机减排固碳技术任务艰巨；渔船渔机节能减排技术研发与应用尚待进一步加强。

一　种植业

(一) 国内外研究进展

1. 美国和加拿大

美国和加拿大作为世界主要农业生产国，历来重视农业耕作制度的创新、保护性耕作的实践、精准农业和测土配方施肥等技术的研发和推广，在种植业减排技术方面做出了表率。

(1) 保护性耕作减排技术

美国通过不断改良作物品种和改进农艺措施，在增加作物产量的同时持续提升农作物的土壤固碳能力，如种植能固定更多碳量的多年生作物品种，执行适合的作物轮作制度及保护性耕作等。所谓保护性耕作是独立于传统农田翻耕技术的一种全新技术模式，通过将大量作物秸秆、残茬覆盖于土壤表面而使耕作减少到仅能够确保种子发芽的程度，同时采用农药抑制杂草生长及病虫害侵染，在作物缺乏营养时适度施肥，促进土壤固碳能力的提升。加拿大利用豆科作物降低对氮肥投入物的依赖，尝试实行主要农作物与豆科作物适度轮作。在连片种植的农作物或两排林木、蔓生作物间搭建临时性的植被覆盖物，在提高土壤碳汇能力的同时充分利用前作植株上未使用的速效氮，减少 N_2O 的排放。

(2) 精准农业和测土配方施肥技术

美国是最早从事精准农业的国家，1993 年美国选择明尼苏达州的农场进行精准农业技术试验，1998年调查显示77%的用户采用了精准农业技术。提高氮肥利用率是此技术的应用之一，即在精确估计作物化肥需求量的基础上调整氮肥施用比例，利用不同控释或缓释肥料形态或硝化抑制剂，在作物吸收前且氮肥流失量最小时对作物施肥；并精确定位施肥，使之处于最容易被作物根部吸收的位置，使氮肥利用率达到较高水平。

美国成立专门机构评估不同农作物对肥料的不同需求，将化肥精确地施于农作物的固定部位，通过提高农作物对化肥的吸收率来减少化肥的流失，从而提高效益。根据大量试验结果，计算土壤中肥料的用量、比例，界定使用上限，综合考量农民生产中的需求，进而对肥料进行专项生产储备。基于精准测算的肥料生产、供应体系大大提升了氮肥施用和利用效率，能够及时根据作物自身需要调整肥料使用率，并根据精准定位施肥找出各类植被最易吸收肥料的部位进行施肥，以减少肥料流失或避免施肥过量，从而实现农业温室气体的减排管理。

2. 欧盟

20世纪90年代前，欧洲共同体对农业环境政策的忽视导致土壤有机质下降、畜牧粪污随意丢弃现象严重，农业温室气体排放量在1990年达到914193.79Gg。为此，欧盟在《联合国气候变化框架公约》约束下开始农业环境治理，进一步提出低碳农业政策，并于1992年首次在《欧盟共同农业政策》（CAP）中提出了低碳农业的相关环境保护策略。英国、法国、德国等欧洲国家都在积极践行欧盟的相关政策措施，推动低碳农业发展。经历了不断摸索，欧洲国家在低碳农业发展领域取得了较高成就，尤其是在低碳农业政策制定层面积累了丰富的实践经验，这对于中国低碳农业发展具有极大的借鉴价值。

除CAP外，欧盟环境委员会联合农业和农村发展总司根据具体减碳目标相继制定了一系列针对农业减排的规则及法令，比如为减少氮肥排放而颁布的《欧盟氮指令》（1991年）；为减少化肥排放而颁布的《硝酸盐指令》（1991年），对占据欧盟土地37%的硝酸盐脆弱区进行实时监测，确定硝酸盐来源（农田氮肥、动物粪便等）归属地，给予适当监督管理；《欧洲有机法案》（1991年）只允许收录在《欧洲有机法案》附件中的特定农用物资（农药、肥料、土壤改良剂及其复配产品）在规定的范围内使用；《土壤战略》（2006年）要求对欧洲土壤进行生态化管理，对于农用耕地实行保护性耕作制度；2009年为减少温室气体颁布了《能源气候变化一揽子法案》，要求开发新能源，建立碳排放交易体系，并将农业碳排放交易正式列入体系。

此外，欧盟制定了良好农业操作规范（GAP），以减少和规范化肥使用，减少农业碳排放，保证农产品生产过程和产后环境安全，获得安全健康的农产品。例如，德国在部分地区执行了严格的欧盟标准，规定一些企业不能在土地上使用化肥、化学农药和除草剂。2007~2013年的"乡村发展计划"利用现代农业计划及农业环境计划，通过发展有机农场、多元化作物轮作等技术减少农业碳排放。德国还特别注意监测外部物质对农田的污染，以减少外部物质对农田内外群落造成的不良后果，保护天然生物品种，特别是有生态价值的品种，同时加强对自然景观的保护。

3. 日本

日本秉承可持续发展理念，2005年日本农林水产省制定了《环境调和型农业生产活动规范》，将环境影响因素纳入农业生产规范，从农作物生产和家畜饲养两个方面规范生产技术规程，使农业生产造成的环境影响降到最低。同时推广水田旱地轮作、耕畜协同、高收益园艺、食品评价与分析技术、病虫害防治技术、资源循环开发等技术提高农业生产效率，降低农业污染。日本在低碳农业方面主要做法有以下三种。

（1）大力推广有机农业和绿色农业

在有机农业方面，日本主要以减少农药、化肥、生长调节剂、饲料添加剂等的使用来保护土壤；在绿色农业方面，日本研究应用了一系列先进的农业技术，如充分利用农业废弃物减轻环境负荷的循环农业技术（粪便发酵作为肥料）、"稻作、畜产、水产"三位一体复合种养技术及"畜禽、稻作、沼气"种养结合技术等，降低农业生产对土壤的损坏，实现农业可持续发展。

（2）建立低碳农业先进区，推广成熟的农业科技创新体系

日本主要通过在发达地区推行建立绿色农业先进区的政策和手段发展低碳农业，并在实施中对其进行完善和修改。这一方法有助于实现资源的循环利用，促进农业可持续发展。日本逐渐形成了由中央领导的自上而下的低碳农业技术创新体系。这一科研体系集合了社会各方面人才，全面有效地对低碳农业技术进行研究。另外，日本还营造了全民注重发展低碳农业的氛围，为国家培养相关方面的专业技术人才奠定了基础。

（3）集约化稻田水分管控减排技术

日本是世界主要水稻生产国，引领了国际水稻减排技术的创新研发和推广。作为全球农业温室气体研究联盟水稻工作组的主席国，日本在东南亚和南美主要水稻生产国主推交替灌溉稻田甲烷减排技术（AWD）。AWD属于间歇灌溉方法，相比传统间歇灌溉，水分管理更加明确和精细化，在排水深度和时长方面进行了强化，因此减排节水增产效果要强于普通间歇灌溉。AWD技术田间操作一般为：移栽后约2~3周，田间落干至地下水位达到土壤表面以下约10~15cm的水平；一旦达到阈值，立即灌溉至田间水位达地表以上3~5cm。操作时可通过穿孔塑料管检查地下水位，以便在正确的时间进行灌溉。"-15cm"被认为是安全的条件，在此情况下水稻不会面临干旱胁迫，产量不会降低。通过日本农业水产省多国联合项目资助，AWD技术已经在东南亚等水稻主产区推广，该技术结合氮肥减量等措施在东南亚水稻主产国，如菲律宾、越南和泰国等地实施，获得了良好的增产减排效果。

3. 中国

我国种植业碳排放主要包括稻田甲烷排放和农用地氧化亚氮排放。原农业部于2015年发布"一控两减三基本"政策措施，其中，"一控"是指控制农业用水总量和农业水环境污染，确保农业灌溉用水总量保持在3720亿立方米，农田灌溉用水水质达标；"两减"是指化肥、农药减量使用；"三基本"是指畜禽粪污、农膜、农作物秸秆基本得到资源化、综合循环利用和无害化处理。该措施的出台，尤其是化肥减量和农作物秸秆资源化循环利用，对于农用地氧化亚氮减排产生了极大的促进效应。

（二）主要做法和成效

1. 稻田甲烷减排

水稻是我国最重要的口粮作物，稻谷产量和种植面积分列全球第一和第二。稻田是甲烷的重要排放源，2014年我国稻田甲烷排放总量为1.87亿吨CO_2e，占我国农业甲烷总排放量的40.06%。稻田甲烷主要是在淹水条件下产生的，土壤中的有机质被产甲烷菌厌氧分解，并通过多种传输方式排放到大气中，其中水稻植株传输占80%以上。根据稻田甲烷产生机理和排放特性，主要减排手段包括好氧耕作、间歇灌溉、甲烷氧化菌剂、秸秆快速腐解，以及其他水稻品种、栽培、耕作、肥料管理措施的优化组合。主要的稻田甲烷减排技术是围绕水分管理的精细化调控技术。当前，我国大部分稻田采用中期晒田加间歇灌溉技术，与长期淹灌相比，单位面积的稻田甲烷排放量显著降低，但该技术的精细化程度仍然不够，需要围绕稻田用水管理，加强与高效的耕作、肥料和栽培技术等的优化组合，实现水稻稳产和甲烷减排协同推进。

(1) 高产低甲烷排放水稻品种筛选和培育

高产低甲烷排放水稻品种筛选和培育可为稻田减排提供可持续的解决方案，通过有效调整水稻植株光合产物分配，使其更多向籽粒转移，调控根系和植株通气组织向下输氧的能力，可达到高产与抑制甲烷产生和排放协同的目标。未来气候变化，各稻作区种植制度和光热资源也将发生显著变化，对当前审定的水稻品种进行筛选，可以判定收获指数高、茎秆强壮、根系发达、抗倒能力强、抗逆性强的水稻品种具有高产和减排潜力。此外，可采用基因编辑和分子育种等高新技术，研发高产低排放、优质高效多抗的水稻新品种，这是未来水稻增产、甲烷减排的重要路径。

(2) 高效氮肥精准施用技术

氮肥是水稻生长和高产不可或缺的因素，科学合理施用高效肥料可促进甲烷氧化菌活性，促进甲烷氧化速率，进而控制排放。如缓控释肥、脲酶/硝化抑制剂等稳定性肥料的施用配合精准侧深施肥可减少稻田甲烷排放；同时，通过肥蘖脱钩，采用分次施肥，可以有效控制分蘖期的甲烷高排放。根据不同水稻类型和肥料特性，研发水稻专用高效肥料，在施肥时间、施肥位置、施肥总量、追肥次数等方面制定精准的施肥方案，实现稻田丰产增效和减排协同。

(3) 稻田保护性耕作和稻种直播减排技术

保护性耕作技术可以有效避免土壤过度扰动而减少排放，如免耕、旋耕或少耕，相对传统翻耕，具有不扰动土壤、省时、省工等优点，可减少土壤温室气体损失。水稻直播是在土壤水分饱和且无积水的田块采用已催芽的稻种播种，也可采用干稻种进行湿润直播，具有节本省工、稳产降耗等特点。因地制宜推广保护性耕作和直播稻，采取免耕湿润直播的创新耕作方式，田面开沟分厢，厢面免耕播种，沟灌厢湿，可大幅减少稻田甲烷排放，减少能源消耗和人工成本，兼顾土壤固碳和水稻稳产增产。

（4）秸秆快腐还田好氧耕作减排技术

秸秆还田是农田土壤碳素损失的有力补充，但直接还田（特别是新鲜秸秆）容易造成稻田甲烷的高排放。因此，结合好氧耕作和快腐菌剂产品才能起到良好减排效果。通过旱耕湿整等好氧耕作，可以改善秸秆还田后土壤通气性，增加土层含氧量，促进秸秆好氧湿润条件下腐解，减少稻田甲烷排放。通过秸秆堆肥发酵后腐熟还田，能促进养分循环利用，并大幅削弱秸秆直接还田的增排效果。

2. 农用地氧化亚氮减排

农业用地是我国氧化亚氮的主要排放源。2014年我国农地氧化亚氮排放量为2.88亿吨CO_2e，占农业氧化亚氮排放总量的约80%。氮肥施用后，在土壤中经过功能微生物的硝化和反硝化作用，形成氧化亚氮并排放到大气中。因此，农用地氧化亚氮减排主要通过氮肥减量优化、添加抑制剂、水肥耦合等调控技术来实现。

肥料尤其是氮肥在生产和施用过程中，在保障和增加作物产量的同时，由于不合理的施用，也给环境带来了一些不良效应，如氨挥发、氧化亚氮排放、氮氧化物排放和硝酸盐淋溶及径流等，极易造成环境酸化，增加温室效应、水体及空气污染。通过创新研发相关产品与调控技术，可以实现氧化亚氮减排与面源污染防控、空气质量提升的协同效应。目前我国已经实现化肥零增长，但农田平均施氮量仍超出了作物需求量，尤其是在蔬菜、果树等经济作物上更为突出，氮素损失比例仍然相对较高。氮肥类型以尿素为主，肥料品种单一，缺少多肽尿素、缓控释肥料、稳定性肥料及新型肥料抑制剂。与发达国家相比，平衡施肥、精准施肥等田间管理还存在一定差距，亟待提升。

（1）4R精准调控

4R（正确的氮肥用量、类型、施用时间和施肥深度）施肥策略是全球公认且力推的农田氮素集成管理模式，但粮食安全和耕地规模碎片化等因素限制了我国4R技术的精准实施，制约了我国农用地氧化亚氮减排技术的发展和应用。高效低排放的液体肥料、水溶肥料、缓控释肥料、生物肥料、肥料增效剂、硝化抑制剂等产品，基于化肥施用限量标准的化肥减量增效技术，绿色高效有机肥管理及化肥替代技术，氮高效利用低排放品种筛选培育，零碳肥技术和生物固氮增汇肥料等颠覆性减排技术等技术措施作为对国家化肥农药零增长政策措施的响应，近年来产生了良好的效果。

(2) 降污节肥减排增产协同

2022年6月,生态环境部等7部门发布了《减污降碳协同增效实施方案》,强调推进农业领域协同增效,指出推行农业绿色生产方式,协同推进种植业等减排与污染治理;深入实施化肥农药减量增效行动,加强种植业面源污染防治,优化稻田水分灌溉管理,推广优良品种和绿色高效栽培技术,提高氮肥利用效率,提出到2025年,三大粮食作物化肥、农药利用率均提高到43%;提升秸秆综合利用水平,强化秸秆焚烧管控。该方案的发布将进一步推动种植业降污节肥减排增产协同高效发展。

(三) 存在的问题和挑战

1. 减排丰产难兼顾

我国种植业温室气体排放基数大,面临增产减排降污协同关键技术缺乏等问题,因此需着力发掘农业减排增效关键技术,探索减污降碳协同路径和丰产减排协同生产模式。

2. 低碳发展与提质增效难协调

目前,我国种植业减排技术的成本收益综合评估研究相对滞后,单一技术较多且非常成熟,综合模式较少且缺乏区域针对性推广,经济效益的评价是限制因素之一。要真正做到提质增效、成本较低的经济实用减排技术研发还面临很大挑战。

(四) 意见和建议

1. 加大政策支持力度

根据不同种植区域制定有针对性的激励机制,鼓励低成本减排技术的研发,加大研发资金支持和农户补贴,促进实用减排技术的大面积推广。继续实施"一控两减三基本"等政策措施,协调推进农业农村减排固碳六项任务和十大行动扎实有序实施。

2. 建立种植业温室气体排放监测网络

依托国家农业环境数据中心等平台,资助建立全国性温室气体排放监测网络,支持定期开展稻田甲烷和农用地氧化亚氮排放分区针对性基础监测。摸清种植业温室气体排放家底,科学掌握和准确预测我国种植业温室气体排放现状和趋势。

3. 加强低碳生产技术科技创新研发

围绕粮食丰产增效减排降耗等布局一批前瞻性、战略性科技攻关项目，在国家科技计划中设立专项，开展种植业高效绿色低碳生产的综合技术模式研发，重点支持稻田甲烷减排、农用地氧化亚氮减排、智能种植等创新实用技术的协同研发与示范推广。

二 养殖业

（一）国内外研究进展

1. 欧盟

2019年《欧洲绿色新政》提出减少抗生素的使用，降低农业产业链的环境影响，支持农业循环经济，制定农产品的环境标准，促进绿色商业模式。2020年发布《欧盟甲烷减排战略》，提出了5项农业甲烷减排行动计划：一是支持成立专家组，重点研究畜禽养殖、饲料管理、化肥减量等问题，建立计算牲畜总甲烷排放量的生命周期方法；二是组织编制最佳实践和可用技术清单，更广泛地实施创新缓解行动，尤其关注畜禽肠道发酵产生的甲烷；三是制定温室气体排放量和清除量定量计算准则，鼓励农场计算碳平衡；四是将低碳农业列入共同"农业政策战略计划"，促进减排技术的应用；五是依托2021~2024年的"地平线欧洲"资助计划，就有效减少甲烷排放开展针对性研究。

2. 美国

2013年发布了《美国农业土地和动物生产温室气体减排选择和成本》，重点列出了畜牧生产领域肠道发酵甲烷减排和粪便管理温室气体减排的主要技术，包括培育优良品种、优化饲料配方、提高精粗比、推广固液分离、氧化塘覆盖和厌氧沼气等，并系统介绍了减排技术，包括描述当前采用的有关技术的数据以及进一步采用技术的可能性和潜在信息、实施减排技术的障碍、估算实施技术的成本、技术的减排潜力等，为养殖场选择适合自身的减排技术提供了依据。2021年11月联合国气候变化大会期间，100多个国家共同签署了"全球甲烷承诺"，目标是到2030年使全球甲烷排放水平比2020年减少30%，并逐步采用现有最佳清单方法来量化甲烷排放。美国政府拟通过农民和牧场主合作，努力扩大自愿采用气候智慧型农业的范围，通过激励部署改进的肥料管理系统、厌氧发酵系统以及新型畜禽饲料、堆肥等措施，减少主要农业活动的甲烷排放。

3. 中国

早在2007年6月，中国就发布了《中国应对气候变化国家方案》，提出了研究开发优良反刍动物品种，规模化饲养管理技术，降低畜产品的甲烷排放强度；在规模化畜禽养殖场等建设沼气工程，合理配套安装沼气发电设施，大力推广沼气和农林废弃物气化技术，提高农村地区生活用能的燃气比例，把生物质气化技术作为解决农村和工业生产废弃物导致的环境问题的重要措施，初步确立畜禽肠道发酵和粪便管理过程中温室气体减排的基本框架。2011年12月，国务院印发《"十二五"控制温室气体排放工作方案》，提出加强畜牧业和城市废弃物处理和综合利用，控制甲烷等温室气体排放增长。2015年6月，我国在给联合国提交的国家自主贡献中指出要构建循环型农业体系，推动秸秆综合利用、农林废弃物资源化利用和畜禽粪便综合利用，要继续实施退牧还草，推行草畜平衡。2016年10月，国务院印发《"十三五"控制温室气体排放工作方案》，提出要控制畜禽温室气体排放，选育高产低排放良种，因地制宜建设畜禽养殖场大中型沼气工程，推进标准化规模养殖，推进畜禽废弃物综合利用，到2020年规模化养殖场、养殖小区配套建设废弃物处理设施比例达到75%以上。

（二）主要做法和成效

1. 推广动物肠道发酵甲烷减排技术

饲料在反刍动物瘤胃的特殊环境下，经过酶的作用和微生物转化会产生大量甲烷，反刍动物肠道发酵排放的甲烷占农业活动温室气体排放量的25%。采取有效措施减少反刍动物肠道甲烷产生，不仅可以降低畜牧养殖业温室气体排放，而且能够提升畜牧养殖业的生产效益。我们主要可以采用以下三种措施。

一是推广低蛋白日粮技术。低蛋白日粮是通过额外添加赖氨酸、蛋氨酸、苏氨酸、色氨酸等必需氨基酸，使日粮中的各种氨基酸含量和比例与动物必需氨基酸的需求相吻合，达到理想氨基酸平衡，使日粮中的蛋白质能被动物有效利用，从而降低日粮蛋白含量水平，减少豆粕等蛋白饲料原料用量，同时减少日粮蛋白成分的过腹排放，可实现日粮蛋白原料减量和排泄物氮排放。据测算，动物日粮蛋白水平每降低1个百分点，可减少豆粕用量2.2个百分点，降低氮排放8个百分点，同步可降低粪便管理过程中约8%~10%的N_2O排放。

二是优化日粮品种。采用高粱青贮、木薯渣青贮、苜蓿青贮等替代反刍动物日粮中的玉米青贮，提高营养物质消化率，降低瘤胃甲烷排放量。通过饲喂全株青贮玉米可以减排甲烷，因为通过控制反刍动物日粮中粗纤维含量，可以提高消化率，减少瘤胃中厌氧菌发酵，最终实现甲烷减排。通过粗饲料处理、饲料优化等提高牛羊日粮中的精饲料比例，可以使动物肠道发酵产生的甲烷排放减少15%~30%。

三是推广全混合日粮（TMR）技术。TMR饲养技术是一种将粗料、精料、补充料、矿物质、维生素和其他添加剂充分混合，由发料车发料，牛群自由采食的一种先进饲养技术。TMR饲养技术在配套技术措施和性能优良的TMR机械的基础上，能够保证反刍动物采食的日粮都是精粗比例稳定、营养浓度一致的全价日粮。有研究表明，奶牛饲喂TMR较传统日粮饲喂，平均泌乳量提高1.49kg，乳脂率提高10.72%；饲喂TMR的肉牛头均日增重1.08kg，较对照组提高了11.4%，TMR在提升反刍动物生产性能的同时，也能减少肠道发酵甲烷排放。有研究表明，传统精料与粗料分开饲喂方式造成的甲烷能损失约为采食总能的7.5%~8.5%，通过饲喂TMR，甲烷能损失占采食总能的损失降到5%左右，降幅比例超过30%。

2020年，农业农村部在组织研究建立低蛋白日粮技术体系的基础上，修订发布了《仔猪、生长育肥猪配合饲料》国家标准（GB/T 5915-2020），育肥猪全程饲料平均蛋白水平最低为12.6%、最高为14.9%，有望将每公斤猪肉消耗蛋白量下调10%以上。近年来，中央大力发展现代饲草产业，相继实施草原生态保护补助奖励、粮改饲、振兴奶业苜蓿发展行动等政策措施，草食畜牧业集约化发展步伐加快，优质饲草需求快速增加，推动现代饲草产业发展取得积极成效。2020年，全株青贮玉米、优质苜蓿平均亩产分别达到1050公斤、514公斤，分别提高19.6%、11.5%，全国优质饲草产量约7160万吨（折合干重），比2015年增长2400万吨。以奶牛为例，"十三五"期间奶牛单产从5.5吨提高到8.3吨，但每吨牛奶的精饲料用量减少了12%。

2. 大力推进畜禽粪污资源化利用

畜禽粪便含有大量有机质和氮素，是农业生产重要的温室气体排放源，从排泄、粪便收集贮存处理到粪污农田利用的全过程均会产生甲烷、氧化亚氮等温室气体排放。通过改变粪便管理可实现温室气体减排，主要减排技术如下。

一是推广舍内干清粪工艺。将粪便和污水在畜禽舍内进行固液分离，通过刮粪板、传送带等设施设备，将固体粪便及时清理出舍外，降低液体粪污中的有机物浓度，减少舍内粪污贮存过程中的甲烷排放。清粪方式是影响粪便特性和温室气体排放的关键要素，对于规模化饲养的肉牛、蛋鸡、肉鸡和肉羊，推广以刮粪板和传送带为主的干清粪工艺，减少污水产生量、控制舍内粪污贮存池中厌氧条件，显著减少厌氧发酵过程中甲烷产生，干清粪工艺相比深坑水泡粪系统可减少甲烷排放70%~80%。

二是推广水泡粪和液体粪污舍外密闭贮存技术。规模化猪场采用全漏缝地板水泡粪工艺，不仅可以改善猪舍内饲养环境，减少劳动成本，同时液体粪污全量收集贮存利用可以有效地保持粪污中的养分，实现粪肥高效还田利用。由于舍内漏缝地板下贮存无法实现密闭贮存，长时间贮存会显著增加甲烷排放，应积极推广浅坑水泡粪清粪工艺，定期将舍内液体粪污排出舍外进行密闭式贮存。根据IPCC指南，舍内水泡粪贮存小于1个月较大于1个月，可降低甲烷排放30%以上。

三是应用低成本的覆膜堆肥技术。干清粪好氧堆肥可以加速粪肥的发酵腐熟，实现固体粪便在好氧环境下的升温发酵和无害化，但目前我国传统的条垛式发酵、槽式发酵等方式存在臭气排放和养分损失大的突出问题，密闭式发酵虽然能够降低臭气和温室气体排放，但耗能高，单位粪便处理的碳排放强度大，应积极推广低成本的覆膜好氧堆肥技术，降低投资和运行成本。有研究表明，较传统的槽式堆肥，覆膜好氧堆肥可以实现节能40%以上，同时降低80%的氨气和20%的温室气体排放。

通过实施畜禽粪污资源化利用整县整理行动，实现585个畜牧大县畜禽粪污治理全覆盖，2020年全国畜禽粪污综合利用率达76%。13.3万家大型规模养殖场全部配套畜禽粪污处理设施装备，有效解决了畜禽粪污直排问题，畜禽养殖环境明显改善，畜牧业生产方式加快转型升级。清洁养殖模式广泛普及，畜禽养殖用水量和饲料中铜锌添加量大幅降低，全国畜禽粪污年产生量下降至30.5亿吨，与2015年相比降幅达19.7%；畜禽粪污资源化利用制度体系基本建成，绿色发展格局加快形成，为畜牧业稳产保供提供了坚实基础。

（三）面临的问题与困难

一是畜牧业稳产保供压力巨大。我国畜产品消费需求在未来10年还将继续增长，畜牧业最主要的任务依然是发展生产，更好地保障人民群众日益增长的畜产品消费需求。在应对气候变化的过程中，理应更多考虑畜牧业的发展空间，更多关注如何提高畜禽生产效率，保障畜产品供给，更多采用经济实用的技术措施，推动畜牧业温室气体减排与畜牧业高质量发展的综合协同。

二是畜牧业生产方式总体落后。与发达国家相比，我国畜禽养殖规模大且处于转型升级阶段，存在着畜禽遗传育种滞后、规模化比重不高、优质饲草料不足、疫病多发频发和种养结合不紧密等诸多问题，畜禽繁殖效率与生产水平同发达国家相比差距较大，单位动物温室气体排放因子高，畜禽肠道发酵和粪便管理的温室气体排放总量明显高于发达国家，需要不断提高动物的生产性能，实现高效养殖与温室气体协同减排。

三是温室气体排放监测评估薄弱。目前，我国编制的国家畜牧业温室气体排放清单中的主要畜禽温室气体排放因子是通过组织开展典型调查获得特性参数，然后再采用政府间气候变化专门委员会（IPCC）指南推荐的方法计算获得的。因此我国缺少对不同区域、不同畜种和不同养殖方式下畜禽温室气体排放的系统监测，其中部分参数无法用充足的科学数据去评估、观测和验证，导致我国畜牧业温室气体的计算结果还不能充分、科学地反映温室气体排放的实际情况，尚不能支撑精准减排的需要。

（四）意见和建议

一是推动畜牧业绿色高质量发展。充分考虑我国畜产品供给的硬约束和畜牧业实际生产水平，因势利导，因地制宜，统筹处理好畜牧业生产发展与温室气体减排的关系，统筹处理好畜牧业温室气体减排和畜禽养殖污染治理的关系，坚定不移走生态优先、绿色低碳的高质量发展道路。开发畜禽产品碳足迹评价方法，建立低碳畜禽产品监测核算核查标准体系，探索建立低碳畜禽产品认证和标签制度。

二是进一步加大政策支持力度。深入实施畜禽遗传改良计划，加大现代种业提升工程等政策力度，持续推进畜禽品种改良，不断提高畜禽生产性能。继续实施粮改饲、优质高产苜蓿基地建设和畜禽粪污资源化利用整县推进等项目，协调促进畜牧业温室气体减排。开展绿色种养循环农业试点，促进畜禽粪肥还田利用，提高耕地碳库储量。

三是建立畜牧业温室气体排放监测网络。布局和减少畜牧业温室气体排放定位监测点，支持定期开展畜牧业温室气体排放情况监测，推动建立我国自主的畜牧业温室气体排放特性参数体系。完善畜牧业温室气体统计报表制度，定期发布国家畜牧业温室气体排放评估报告，科学掌握和准确预测我国畜牧业温室气体排放情况，增强我国在国际气候变化谈判中的主动权。

四是加强绿色低碳技术科技攻关。围绕畜牧业节能环保、清洁生产等布局一批前瞻性、战略性科技攻关项目，在国家重点研发计划中设立专项开展畜牧业高效绿色低碳发展的综合技术与模式的研发，重点支持畜禽种业、饲料配方、粪污处理、智能养殖等技术的协同研发与示范推广。

三 土壤固碳

土壤是地球生态系统最主要的碳库之一，对气候变化有重要的调节作用。全球土壤表层（20cm以内）有机碳储量约为6150亿吨，占土壤剖面（1m）有机碳总储量的40%。农田生态系统和草地生态系统是陆地生态系统的重要组成部分，土壤碳储量仅次于森林，在调节全球生态系统碳收支平衡的过程中具有十分重要的作用。全球农田耕地面积约为13.7亿公顷，土壤碳库储量约为6200亿吨CO_2e，占全球陆地碳库储量的10%以上，受人类活动以及农业管理的影响，农田土壤有机碳库是陆地生态系统中最为活跃的碳库。草地是世界分布最广的植被类型之一，全球草地面积3.4亿公顷，约占陆地面积的26%，碳储量约占陆地生态系统碳储量的34%，其中近90%以有机碳的形态贮存在草原土壤层中。全球土壤碳汇潜力为每年23亿~55亿吨CO_2e，其中可利用的土壤碳汇潜力主要来自耕地和牧场，每年碳汇潜力为9亿~19亿吨CO_2e。

我国土壤固碳有很大潜力。农田土壤碳汇受土壤类型、农田耕作措施和施肥方式等影响。通过种养结合、秸秆还田、农林复合种植等措施，可以促进农田土壤固碳，增加土壤有机质含量，提高植物从大气中吸收、转化、存储二氧化碳的能力。据估计，我国农田固碳潜力在2.2~3PgC，增汇减排总量每年可达46.8TgC，约相当于我国每年碳排放总量的6%。我国草原每年固碳量达到1~2t/hm^2，可以吸收年碳排放量的40%左右，总固碳量约为6亿吨。迄今我国已有90%的天然草地发生了不同程度的退化。若退化的草地得到有效改善与恢复，将使草场植被生物量增大，枯落物增多，土壤有机碳含量提高，从而极大地增强草原固碳的潜力。因此，通过进一步加大农田管理和草原管理工作力度，增加农田土壤有机质含量和草原保护建设力度，合理利用资源，提高植物从大气中吸收、转化、存储二氧化碳的能力，将对我国未来应对气候变化风险和实现碳中和目标发挥至关重要的作用。

（一）国内外进展

1. 国外土壤固碳相关进展

（1）农田土壤固碳

在全球气候危机大背景下，欧盟、美国、加拿大、澳大利亚、日本以及巴西等国家和地区均将应对气候变化作为未来发展的优先事项。农业减排固碳作为应对气候变化行动的关键组成部分，既有国家层面上的战略指导，也有相关行动的重点部署。与此同时，《欧洲气候法》《美国清洁能源法案》等的颁布，为农业生产中固碳减排的顺利实现提供了法律保障。有关国家和地区也在积极探索碳交易市场机制，如《欧盟碳农业实施计划》、美国《气候变化解决法案》、澳大利亚减排基金计划以及加拿大艾伯塔省排放抵消体系，明确了各自的低碳农业度量标准、操作规程以及碳交易与碳支付依据，以帮助生产者进入碳信用市场，鼓励他们固碳并为其带来收益。针对具体的农田土壤固碳措施，国外主要有以下两类。

第一，保护性耕作制度和轮作制度。在长期耕作及土壤风化腐蚀的农地，采取保护性耕牧及休耕以重新吸收、储存土壤有机碳，使土地得到休养生息。同时，通过使用改良型作物品种、执行适合的作物轮作制度，在增加产量的同时产生更高的土壤固碳能力。在美国，土壤保护性耕作技术使得保护性耕作土地覆盖面积占总耕地面积的70%以上，而在澳大利亚则有70%以上的农田采取了免耕耕作方式。欧盟推行农地休耕计划，包括轮作制和完全意义上的休耕，计划实施后有效降低了农业生产对环境的危害，保护了乡村的自然环境。

第二，基于自然的解决方案。欧盟基于自然的低碳农业相关实践包括泥炭土恢复、农林复合、维持和提高矿质土壤有机碳、草地系统和畜牧场碳减排审计等；并根据《欧盟碳农业实施计划》对采用相关农业实践或取得较好碳减排成效的生产者进行奖励。日本同样提倡采用有机耕作，以降低农业的环境负荷。

（2）草地土壤固碳

草地碳汇包括草植被和土壤两部分，土壤固碳规模大。总体来看，尽管《联合国气候变化框架公约》第23次缔约方大会上明确提出要改善草地土壤固碳，并制定了草地碳汇监测核证的方法学标准，但全球草地碳汇仍处于起步阶段。相比之下，欧美发达国家草地碳汇理论和实践进展较快，积累了一定的经验。

第一，基础研究。鉴于草地碳汇基础研究较为薄弱，在基础数据、功能量化、经济价值等方面缺少系统研究梳理，各国相继开展了一系列研究。日本较为重视草地碳汇基础研究，近年来采用GIS、遥感等方法，结合点位采样，对全国范围内的草地面积和空间分布、草地有机碳的规模和空间分布进行了深入研究，初步摸清了草地碳汇家底。欧盟也开展了草地碳汇研究，结果显示，草地生态系统是一个净碳库，但放牧等干扰活动会减少固碳量，因此核心挑战是如何在放牧、畜牧产品供给和生态系统服务之间寻求平衡。

第二，草原碳汇项目试点。美国于2012年启动了碳中和项目。该项目由美国农业部为环境保护基金会提供保护创新资金，由其联合农场主、保护组织、投资集团等共同参与设计碳汇交易框架，启动草地碳汇交易试点。参照森林碳汇交易等较为成熟的体系，试点进展顺利。2018年7月，依照草地碳汇标准，美国完成首个草地碳信用交易。澳大利亚采取了征收碳税、核定碳信用、增加碳减排技术研发和应用投入等方式，力求减少排放量，草地碳汇在上述框架中也展现出较大潜力。澳大利亚建立了自愿性的减排基金，旨在鼓励农民和土地所有者创新方法和技术来减少温室气体排放，并开发了牧草地中的土壤碳核证的基本方法学。农牧民应证明其通过草种更新、改变放牧模式和放牧率、提供有机肥、改变草地灌溉等新的管理措施提高了草地固碳量。葡萄牙是欧盟在草地碳汇方面探索较多的国家，政府创立了葡萄牙碳基金。该基金选定了1个年均封存二氧化碳量为$5t/hm^2$的牧场作为试点，通过固碳支付系统支持牧场安装生物多样性保护设施等。该基金还支持农牧民提升草地经营管理水平，进而提高草地固碳量。通过项目支持，该地区草原面积增加了4.8万公顷。

2. 中国土壤固碳相关进展

(1) 农田土壤固碳

我国坚持农田土壤固碳和耕地地力提升协同增效，近年来采取了一系列有力措施，推动农田土壤固碳能力不断提高，主要有以下四个方面。

第一，持续推进高标准农田建设。农业农村部印发《农田建设项目管理办法》《高标准农田建设评价激励实施办法（试行）》，分别联合财政部、国家发展改革委印发《农田建设补助资金管理办法》《关于中央预算内投资补助地方农业项目投资计划管理有关问题的通知》，指导各地因地制宜推进田块整治、土壤改良、灌溉和排水、田间道路、农田输配电建设，加强农业基础设施建设，提高农业综合生产能力。2020年，中央财政投入867亿元在全国建设高标准农田，超额完成8000万亩的年度建设任务。全国现有8亿亩高标准农田，实现了农田土壤固碳和耕地地力提升，促进了农业节本增效，增加了农民种粮积极性。

第二，土壤保育。"十三五"以来，先后实施黑土地保护利用试点1050万亩、深松整地3.11亿亩次，实施东北西部地区、河套平原、西北干旱区三个盐碱地生态治理关键技术研发与集成示范等重点研发计划项目，有效提升了盐碱地生态系统稳定性、农业生产力和土水肥资源利用效率。2021年，农业农村部等7部门联合印发《国家黑土地保护工程实施方案（2021—2025年）》，"十四五"期间完成1亿亩黑土地保护利用任务，黑土区耕地质量明显提升，土壤有机质含量平均提高10%以上。

第三，秸秆科学还田。"十三五"以来，我国开始实施秸秆综合利用行动，把秸秆科学还田作为主要措施。2020年，全国秸秆还田量超过4亿吨，还田面积近11亿亩。

第四，化肥减量增效和有机肥替代。2015年以来，中国启动化肥农药使用量零增长行动，实施测土配方施肥项目，大力推广有机肥替代化肥、水肥一体化等减肥增效技术。2020年，全国绿肥种植面积超过4600万亩，配方肥占三大粮食作物肥料施用总量的60%以上，水肥一体化面积1亿亩以上；有机肥施用面积超过5.5亿亩次，比2015年增加约50%；化肥利用率达到40.2%，比2015年提高5个百分点。

(2) 草地土壤固碳

提高草原碳汇是草原碳价值实现的基础，要提高草原碳汇总量，必须从保护草原土壤与植被入手。近年来，为应对草原退化，国家主要出台草原生态保护建设措施和草原生态保护补助奖励政策以修复退化草原。

第一，生态保护建设项目推进。党中央、国务院高度重视草原保护和牧区发展，2000年以来陆续启动实施了京津风沙源治理、退牧还草、退耕还林还草等生态保护建设工程项目，草原生态整体快速恶化的趋势有所减缓。围栏封育、划区轮牧、免耕补播、退耕还草、人工草地建植等一系列生态保护建设措施被广泛用于防止草地退化及退化草地生态系统修复，大大提升了草地生态固碳功能，促进草地碳增汇。

第二，建立健全生态补偿制度。为彻底解决草畜矛盾，扭转草原退化的局面，2011年国家果断出台了草原生态保护补助奖励政策，中央年均投入财政资金约200亿元，惠及13个省（区）657个县1210.42万户5066.63万名牧民。补奖政策已成为新中国成立后我国在草原牧区实施的一项资金规模最大、受益农牧户最多的惠民政策。草原生态保护补助奖励政策实施以来，草原植被盖度不断提高，2020年全国草原综合植被盖度达到56.1%，全国天然草原平均牲畜超载率持续下降并稳定在10%左右，草原生态生产功能稳步恢复，鼠虫害危害影响面积受生态环境好转和防控措施加强而持续减少；补奖政策实施推进各地草原承包落实，推动牲畜数量分布格局优化，牧区牲畜稳步减少、半牧区牲畜有序增多，牛羊肉供给双增，优质畜产品保障能力巩固增强；饲草料储备不断增加，保护性放牧制度实施范围增大；牧区人口转移减少，补助奖励助力牧民保收增收。

（二）主要措施和成效

1. 农田土壤固碳

（1）保护性耕作

保护性耕作包括少/免耕、永久覆盖、多样性复合种植系统和综合养分管理系统，是耕地碳增汇减排的主要路径。我国保护性耕作的主要措施有3个：一是地表覆盖，一年一熟地区，作物收获后，采取秸秆覆盖、留高茬覆盖或种植覆盖作物，减少地表裸露，控制水土流失；一年两熟或三熟地区，作物收获的同时，进行秸秆粉碎还田作业；二是免耕播种，采用免耕播种机，一次性完成喷药、施肥、播种、覆土、镇压联合作业，对秸秆产生量大、覆盖不均匀、土壤不平整的，适当浅旋后再进行联合作业免耕播种；三是病虫草害防治，对种子进行药剂拌种或包衣处理，预防病虫害发生，在田间喷施化学除草剂控制杂草，喷施杀虫剂、杀菌剂控制作物病虫害（见图3-1）。

图 3-1　保护性耕作措施

保护性耕作技术可以减少对土壤的扰动，增加地表覆盖，降低土壤有机质矿化速率，减少表土有机碳流失，增加表层土壤有机碳含量。我国从20世纪80年代开始推广应用保护性耕作技术，在有效控制土壤侵蚀、增加蓄水保墒、提高土壤固碳能力等方面发挥了重要作用。到2020年，全国保护性耕作技术实施面积已超过1.1亿亩，机械化免耕播种面积已超过2.1亿亩，机械化秸秆还田面积7.2亿亩。当前，东北地区实施保护性耕作的面积已达7200万亩，建设退化耕地集中连片治理示范区200个，开展综合治理面积280万亩。预计到2025年，保护性耕作面积达到1.4亿亩，占东北地区耕地总面积的70%左右。

（2）秸秆还田

我国秸秆年产量约8.6亿吨，其中玉米、水稻和小麦三大作物秸秆占80%以上。还田是国内外广泛采用的秸秆综合利用措施，不仅可减少秸秆露天焚烧、随意堆放导致的环境污染问题，还能够培肥地力、改善耕地质量和提高土壤碳库，对于稳粮增收、固碳增汇和污染防治具有重要意义。我国秸秆还田措施主要有以下三种。一是粉碎抛撒。收获时采用配备粉碎装置的联合收割机，或收获后采用还田机械，将秸秆粉碎（玉米、小麦秸秆粉碎长度≤10厘米，水稻秸秆粉碎长度为5~8厘米）并抛撒于地表。二是机械还田。秸秆翻埋还田，旱田埋深25~30厘米，水田埋深18~20厘米；秸秆混拌还田，将秸秆均匀混拌于0~20厘米耕层土壤中，避免堆积；秸秆覆盖还田，秸秆粉碎抛撒后，采用免耕播种机进行播种施肥作业（见图3-2）。三是调氮促腐。根据作物秸秆碳氮含量和土壤残留氮肥量，施入适量氮肥，促进秸秆腐熟。低肥力土壤可连续调氮2年，高肥力土壤调氮1年，雨热条件好的地区可配施秸秆腐熟剂加快腐解。

"十三五"以来，农业农村部会同财政部等部门实施秸秆综合利用行动，把秸秆科学还田作为主要措施。2020年，全国秸秆还田量超过4亿吨，还田面积近11亿亩，为我国耕地提供了大量的有机质、氮磷钾和微量元素。湖北武穴、沙洋、武汉，江西进贤，湖南望城等地长期定位试验结果显示，长期秸秆还田土壤有机质含量年均提高0.1~0.5g/kg，氮肥利用率较秸秆不还田处理增加2.2~3.9个百分点，增幅5.7%~10.6%。

粉碎抛撒　　　　　　翻埋还田　　　　　　混拌还田

图3-2　秸秆还田措施

（3）有机肥替代化肥

我国有机肥施用措施主要有三种：一是有机废弃物堆肥，因地制宜收集秸秆、尾菜、落叶、菌渣、粉碎枝条等废弃物，在地头、坑塘堆沤积造有机肥、发酵沼渣沼液肥；二是种植绿肥，在水热条件适宜的区域，实施自然生草或种植鼠茅草、苜蓿、紫云英、毛叶苕子等；减少土壤裸露，防止水土流失，培肥地力；三是商品有机肥，在已有水肥一体化设备和施用配方肥的前提下，可通过补贴措施推广应用商品有机肥，施用有机肥能促进根区土壤微生物活性，调节土壤理化性质，提高土壤有机质含量，减少化肥用量。

2015年以来，原农业部启动化肥农药使用量零增长行动，大力推广有机肥替代化肥、水肥一体化等减肥增效技术。2020年，全国绿肥种植面积超过4600万亩，有机肥施用面积超过5.5亿亩次，比2015年增加约50%（见图3-3）。

图3-3 有机肥替代化肥

为了应对气候变化，我国政府也陆续发布了《"十四五"全国农业绿色发展规划》《中共中央、国务院关于完整准确全面贯彻新发展理念做好碳达峰碳中和工作的意见》《2030年前碳达峰行动方案》等文件，以实现包括农业在内的所有经济部门的碳中和。

2. 草原土壤固碳

草地管理措施能有效增加土壤有机碳含量。根据已发表的长期定位试验论文中的研究结果，在典型草原和高寒草原，降低牧压的单位面积固碳速率为每年$0.774t\ C/hm^2$，围封草场的单位面积固碳速率为每年$0.472\sim0.821t\ C/hm^2$；在荒漠草原，降低牧压的单位面积固碳速率为每年$0.379t\ C/hm^2$，围封草场的单位面积固碳速率为每年$0.158\sim0.276t\ C/hm^2$。而人工种草对土壤有机碳的影响在国内的研究还较少，IPCC报告中采用的人工种草的固碳速率为每年$0.54t\ C/hm^2$。

（1）围栏封育

围栏封育是人类有意识地对需要恢复的退化草原采取铁丝等材料进行强制管护，在一定年限内不予利用，增加退化草原牧草种子成活率，从而提高植被的繁衍更新能力，是当前我国退化草地恢复所采用的最为广泛且易操作的措施之一。一些学者利用多年定点监测数据对不同围封年限草地生态系统主要碳库组分的动态变化进行初步分析，得出了有借鉴价值的结论。其中，大部分研究认为，围封可使草地生态系统碳储量显著增加，但是碳蓄积效率会随着时间的推移逐渐下降，最终达到一个相对平衡的状态。

（2）刈割

刈割是草场利用和管理的主要方式之一。对于天然草地而言，刈割属于人为干扰机制，将会对草地生态系统产生一定的影响。国内外学者就刈割对草地生态系统的影响做了大量的研究，主要关注割草时期、割草频度、留茬高度等对植物生长、群落演替规律、营养元素的贮量和分配、草场质量的影响。适时刈割有助于植物的再生和幼苗的形成，促进草地繁殖更新，抑制土壤呼吸，有助于土壤有机碳蓄积。但是，为了草地资源的再生和可持续利用，应尽量避免连年刈割，不能只索取不投入，可以采取轮休措施，这样不但可以增加土壤养分含量，也有利于土壤种子库中种子的积累，促进割草地的繁殖更新。

（3）放牧

放牧是人类对草地生态系统利用和管理的主要方式之一，放牧干扰除了直接影响草地生物量、生物多样性以及种群特征，还影响生态系统化学计量特征、养分循环等，从而改变碳蓄积功能。合理放牧，家畜的采食能够刺激牧草分蘖和根冠比率的增加，提高碳氮元素向地下的分配量，同时家畜排泄物的返还也有利于土壤养分的积累和土壤结构的改善，提高土壤碳氮固持。动物的践踏使凋落物破碎并与土壤充分接触，促进凋落物的分解，有助于碳氮元素转移到土壤中。但是，不合理放牧、家畜的过度啃食会破坏牧草的生长点，导致牧草生长缓慢或死亡，草地出现裸斑；同时大量家畜的踩踏也会破坏土壤结皮，降低土壤表层稳定性团聚体含量，增加草地退化和风蚀风险。长期过度放牧，含碳、氮物质损失严重，草地生态系统稳态丧失，碳氮气体的排放会加剧温室效应。传统的自由放牧属于不合理放牧，容易引起草地植被盖度下降、土壤结构变差，从而降低草地碳氮储量。

（4）草地补播

草地补播是在不破坏或少破坏原有植被的情况下，在草群中播种一些适应当地自然条件的有价值的优良牧草，以增加草群中优良牧草种类成分和草地的盖度，达到提高草地生产力和改善土壤质量的目的。草地补播可显著提高地上生物量，进而为草地土壤有机碳提供大量地上碳源，成为人工改良退化草地的重要措施之一。

（三）面临问题和困难

在农田土壤固碳方面，在气候治理要求愈发紧迫的背景下，农田土壤固碳将可能成为缓解气候变化的重要应对方案之一。尽管我国农田土壤固碳工作取得了一定的成效，但仍然面临着不少困难和问题，主要表现在我国农田碳汇技术相对落后，技术创新和前沿性不足，国家重点研发项目和专业研究机构投入力度缺乏，成熟高效的农田碳汇技术和产品不够；国家对绿色金融政策支持不够，农业固碳减排市场交易项目基本空白，社会资本参与程度相对较低；公众意识和责任需要进一步加强。当前，农业系统外人员，以及农业农村干部、农业科技人员、新型经营主体等农业从业人员，对农田土壤碳汇认知还比较模糊，对其重要性的认识还不太到位；农业农村部门推动和实施农田固碳减排项目的经验、知识及技能仍不足。

在草地土壤固碳方面，我国碳汇项目类型较为单一，超过70%的中国自愿减排核证项目是造林、再造林项目，森林作为碳固定的主体已得到重视，而有关草原生态系统固碳潜力、碳汇能力的研究才刚刚起步，还非常缺少指导生产实践的技术和战略路径。目前，对草原生态系统碳储量、固碳潜力及碳汇能力等方面的相关研究多集中在比较分析不同利用方式或放牧强度下草原生态系统碳储量上，对不同类型草原碳源/汇的估算及后期草场恢复后固碳潜力的评估不足，仍待完善。应全面研究草原增碳减排的路径与对策，提高草原固碳潜力，充分发挥草原碳汇能力，从增碳的维度研定草原保护建设的方向，为技术筛选等提供依据，为区域生态系统目标管理提供指导。

（四）未来建议

健全农田土壤固碳技术创新体系。加强农田土壤固碳科技基础研究，深化农田土壤固碳基础理论研究，加快突破一批重大理论和工具方法，加强科研基础设施、监测系统等建设，强化长期性、稳定性、基础性支撑。开展关键技术攻关，围绕农业土壤保护性耕作、有机肥替代化肥、秸秆还田等，攻克一批关键核心技术，研发一批农田土壤固碳技术产品。推进技术集成创新，组装集成一批不同品种、不同区域的农田土壤固碳技术，建立农田土壤固碳技术体系。推进农业土壤固碳技术创新平台建设，加快农业土壤固碳科技创新联盟发展，开展"产学研企"联合攻关，加快突破农田土壤固碳技术瓶颈。

保护草地生态环境，增加草原碳汇潜力。积极落实草畜平衡和禁牧、休牧划区轮牧等草原保护制度，控制草原载蓄量，退耕还林还草，遏制草原退化等相关政策措施。尽快实施增加草地生态资源总量、扩大可利用草原面积、高度重视草地生态环境建设、大力开展草原复垦与资源保护等工作项目。通过保护草原草场，恢复草原生态机能，增大草原固碳潜力，增强草地碳汇功能。

完善土壤固碳的监测与核算体系。加强农田土壤固碳的监测、核算、报告和核查体系建设，完善监测指标、关键参数、核算方法，建立农田土壤碳汇监测体系和统计制度。结合不同农田土壤类型、不同农业生产区域，布设农田土壤碳汇监测点位，建立健全监测网络，开展农田土壤碳汇长期定位监测与常态化统计分析。不断丰富草原监测内容，在地面监测工作中增加草原植被、土壤有机碳等监测指标，分区域、分类型准确测定草原碳汇储量及不同草场管理模式和放牧强度下的碳固能力的变化。推进遥感、大数据、云计算等智能化、信息化技术在农田、草原土壤固碳监测领域的推广应用。

完善固碳增汇政策机制保障。探索推进补贴发放与耕地固碳行为相挂钩，引导农民秸秆还田、保护性耕作等。引导农业投入品减量增效，支持重点作物绿色高质高效生产，开展化肥农药减量增效示范。推进废弃物资源化利用，全面实施秸秆综合利用行动。完善草原保护支持政策，建立健全生态补偿制度，建立健全草原生态补偿机制，科学制定草原生态补偿的补偿内容、补偿标准、补偿主体、补偿对象和补偿方式，在主要牧区和生态较为脆弱的半农半牧区开展生态补偿试点，对实施禁牧休牧的牧民给予补偿，在加强草原保护的同时努力确保牧民收入不减少、生活水平不下降。

提高公众意识，推动土壤碳汇提升。各级政府要把提高公众意识作为提高碳汇水平的一项重要工作抓紧抓好，加强宣传、教育和培训工作，利用图书、报刊、音像等大众传播媒介，推介典型案例，宣传可复制可推广的土壤固碳案例，讲好土壤固碳故事。对社会各阶层公众开展土壤固碳方面的宣传活动，鼓励和倡导提升农田土壤碳汇能力的生产生活方式。建立公众和企业界参与的激励机制，促进更多主体主动参与土壤固碳行动。加强国际合作，促进碳汇提升方面的合作与交流，积极借鉴国际上好的做法，完善国内相关工作。

四 可再生能源

农村可再生能源开发利用，主要是以农业废弃物转化为生物质能为主。生物质能技术是促进农业废弃物资源有效利用的重要途径，既能够解决农业废弃物的环境污染问题、减少因焚烧或无序堆放产生的温室气体排放，又能够为农业农村生产生活提供低碳清洁能源、替代化石能源，副产物还能够提升土壤碳汇能力。生物质能是重要的可再生能源，具有绿色、低碳、清洁、可再生等特点，在应对全球气候变化、解决能源供需矛盾、保护生态环境等方面发挥着重要作用，是继石油、煤炭、天然气之后的全球第四大能源，也是推进能源生产和消费革命、推动能源转型的重要措施。

本报告农村可再生能源技术主要包括农村沼气（生物天然气）、成型燃料与燃烧技术、热解炭气联产技术、燃料乙醇等。

（一）国内外研究现状

1. 美国

美国是全球第一大燃料乙醇生产国，2019年产量约占全球总产量的54%，主要原料为玉米淀粉。2007年美国《能源独立及安全法案》提出2022年纤维素等第二代生物液体燃料达到0.62亿吨，2020年总量合计约6500万吨，占全球产量的83.8%。美国计划2030年用生物燃料替代30%的车用燃料。美国是第一个推行燃料乙醇配额制和产品补贴制度的国家。2005年修订通过的《可再生燃料标准》推动了燃料乙醇和生物柴油等产业发展，其原油对外依存度降低了约6%。此外，各大农场的农业废弃物、木材厂的林业废弃物等生物质发电也是美国发电市场的重要组成部分。目前美国已经建立了超过450座生物质发电站，2019年美国生物质能发电新增装机容量为17兆瓦，装机规模为1307兆瓦，同比增长1.3%。

2. 德国

德国沼气工程技术一直处于国际领先地位，发酵原料以能源作物（青贮玉米、甜菜、甜高粱及大麦）和畜禽粪便等为主，沼气利用方式主要为分布式发电上网。2000年德国颁布《可再生能源法》，出台了沼气工程发电上网的电价补贴机制，沼气工程得到快速发展。目前，德国连续湿发酵工艺约占沼气发电工程总量的88%，干发酵工艺占12%，干发酵工艺正逐步成为秸秆等高含固率物料沼气生产的发展方向。德国采用一次发酵技术的沼气发电工程约占30%，还有62%的沼气工程采用二次发酵技术，8%的沼气工程采用三次或多次发酵技术。沼气工程在8℃~60℃的范围内均能正常发酵产气，随着温度升高，产气率逐步提高，中温发酵（温度控制在37℃~43℃）是最经济的发酵工艺，在德国沼气发电工程中占据主导地位。根据欧洲沼气协会公布的数据，2020年德国沼气工程建成超过10000座，能源产量超过8万GWh。

3. 瑞典

瑞典生物质能利用最主要的方式是生物质供热。瑞典有500个热电厂和大中型供热系统使用生物质作为燃料，拥有小型生物质成型燃料供热系统超过10万个。生物质能发电量约占总电力供应的9%，大部分生物质电厂采用热电联供系统，电力输出约占能源输出的1/3，热力（冷）输出约占2/3。瑞典是能源纳税较重的国家，主要利用税收政策来促进生物质能利用技术的推广应用，如对生物质能利用项目免征能源类税等。同时，瑞典也是沼气提纯用作车用燃气最普遍的国家，车用燃气发展的政策主要包括车辆税免征政策、环保汽车补贴政策、车辆受益税减免政策等。

4. 丹麦

20世纪70年代全球石油危机爆发后，丹麦开始积极发展清洁可再生能源，大力推广秸秆等生物质发电。丹麦鼓励发展秸秆发电的支持政策主要体现在价格激励、财政补贴、减税和免税等方面。自1981年以来，丹麦已为生物质能源生产商建立了400万欧元的年度投资补贴计划。丹麦秸秆发电的上网电价为每千瓦时4.1欧分，并给予10年保证期，该计划使丹麦的生物质能发电上网电价相当于每千瓦时8欧分，同时推行可再生能源配额制度。2012年，为鼓励沼气发电工程建设，根据能源协议，丹麦将沼气发电工程建设补助由原来的20%提高至39%。丹麦BWE公司率先研发出秸秆直燃发电技术，1998年第一座秸秆直燃发电厂在丹麦哈斯莱乌建立，功率为5.0兆瓦。目前，丹麦已建成130座秸秆发电厂，还有一些燃烧木屑或垃圾的发电厂也能兼烧秸秆，锅炉炉型主要有振动炉排炉和喷粉室燃炉。丹麦秸秆发电技术被联合国作为农作物秸秆综合利用的典型案例在世界各国推广，先后在瑞典、芬兰、西班牙、英国等国建成了农作物秸秆发电厂，具有代表性的是英国坎贝斯秸秆能源发电厂，装机容量3.8万千瓦。

5. 中国

我国生物质能利用主要有生物质直燃发电、沼气/生物天然气、生物质液体燃料、生物质清洁供热4种方式。一是生物质直燃发电，2020年并网装机容量29520兆瓦，年发电量超过1100亿千瓦时，其中农林生物质发电13000兆瓦，沼气发电89万千瓦。二是沼气/生物天然气，逐步由户用向规模化沼气工程转变，全国已建成大型和特大型沼气工程7212处，年产沼气17亿立方米，为村镇提供清洁燃气、提纯生物天然气或车用燃气。当前我国沼气工程在预处理、厌氧工艺、沼气净化提纯以及沼液沼渣综合利用等方面，基本达到可以依据原料特性、产业特点，形成与行业政策相符的发展模式，初步实现了废弃生物质资源的肥料化和能源化利用，涌现了一大批以CSTR、UASB等高效厌氧反应器为代表的工程示范项目，实现了沼气用于供热、发电和生物天然气等的多种成功应用模式。三是生物质液体燃料，包括燃料乙醇和生物柴油，年产量约400万吨，替代石油为交通领域节能降碳拓宽新途径，我国在生物质原料供应、乙醇生产、乙醇与组分油混配、储运和流通及相关配套政策、标准、法规等方面建立了较为完善的燃料乙醇产业体系，产业规模居世界第三位，2020年我国燃料乙醇产量达290万吨，占全球产量的3.3%。四是生物质清洁供热，生物质成型燃料年产量1279.65万吨、炭化46.16万吨，采用秸秆捆烧锅炉集中、成型燃料分布式供热、户用炉具采暖，年供热量超过3000亿MJ，供热面积超过4.8亿m^2。

总的来看，国内外生物质能技术创新已经取得进展，在成型燃料、捆烧供热技术方面，研发了高效燃烧技术调控方法，集成研发烟尘净化技术，研制了系列燃烧锅炉和炉具。在厌氧发酵技术方面，研发了高效农业农村废弃物高浓度湿法、干法、干湿耦合气肥联产技术装备，提高了多原料协同产气、物质转化效率；开发出添加功能菌群、微量元素、生物炭，以及沼液回流等强化工艺，创制了一体化两相、连续横推流、小型移动序批干法气肥联产智能化装备以及车库式干发酵装备，初步建立了智能失稳预警监测体系。热解气化多联产方面，突破了连续热解炭化、热解气净化提质、生物炭多元高值利用等关键技术，开发热解气催化合成及在线焦油监测技术，研发热解炭气联产成套设备。此外，生物质制氢、纤维素燃料乙醇、碳基材料等高值产品目前仍处于技术研发阶段。

（二）主要做法和成效

1. 技术装备不断创新提效

强化"产学研企"联合攻关，创新研发生物质成型燃料一体化、自动化成套设备系统，实现了全系统规模化连续清洁生产。突破北方寒冷地区多元化生物质原料的高效产甲烷功能菌群构建及其生物增强技术，研发能量转化效率高、稳定性高的系列设备和工艺。研发多腔旋流梯级换热、多线螺旋板有序抄送等关键技术，创制了分段连续热解、热解气组合净化提质和热解油回用清洁燃烧等连续热解炭气清洁联产技术工艺体系，秸秆热解气焦油灰尘含量降低到 2.4mg/m^3 以下，热值提升到约 17MJ/m^3。秸秆打捆直燃供暖研发出了连续式进料和序批式进料两种类型的锅炉，热效率达到 80% 以上，烟气排放达到《锅炉大气污染物排放标准》（GB 13271-2014）要求。生物质炉具热效率高达 80% 以上，远超传统炉具，烟气污染物中颗粒物<30mg/m^3、SO_2<10mg/m^3、NO_x<150mg/m^3、CO<0.10%，均满足《锅炉大气污染物排放标准》（GB 13271-2014）要求。在秸秆预处理、酶解糖化、乙醇发酵及废水处理等方面取得了一定的技术突破，纤维素燃料乙醇碳减排可达 76%~124%。

2. 探索多种低碳能源应用模式

聚焦农村分户供暖需求，积极开展农业农村生物质能清洁取暖试点示范，因地制宜推广"生物质成型燃料+清洁炉具"、"生物质成型燃料+锅炉+热电联产"、秸秆捆烧锅炉等低碳供暖模式，供暖企业通过市场化的手段，根据供热需求，由个人、专业合作社定期供应秸秆，实现了市场化运营，形成了一批从事供热锅炉生产安装、燃料供应和热力服务的企业。基于县域内秸秆、畜禽粪污和城镇生活垃圾等多种农业生物质资源，建设生物天然气、热解联产等产业示范区，探索构建"气热电肥"联产模式，在安徽、河北、山东、湖北、内蒙古等省区成功投产运行，探索出了商业化应用模式。

3. 农村能源清洁低碳转型

我国农业生物质能规模总量增长不快，但能源结构变化较大，从农村户用向规模化应用转变。规模化沼气/生物天然气、生物质发电和成型燃料利用规模显著增长，户用沼气、中小型沼气工程以及传统热解气化工程逐渐减少。以农业废弃物为原料的规模化沼气/生物天然气使用量占农业生物质能源的比例，从2012年的4.6%增加到2019年的7.5%，生物质成型燃料占比从2012年6.7%增加到2019年17.8%，生物质发电占比从2012年3.7%增加到2019年10.2%。燃料乙醇、秸秆炭化等技术应用规模略有增加，而户用沼气能源占比从43.6%降低到16.0%。生物质能与秸秆户用散烧相比，更加清洁、便利和低碳化。

4. 促进农业农村节能减排

目前，通过生物质能利用，年处理农业农村有机废弃物达5亿多吨，有效减轻了农业农村环境污染，对实现蓝天碧水净土、改善人居环境起到了积极作用。据测算，以秸秆为原料的农业生物质能技术温室气体排放仅为煤炭的1/10~1/7，能够显著减少CO_2排放。

基于生命周期分析方法研究8种不同农业生物质能技术的温室气体排放因子，核算转化与利用过程消耗能源的排放、抵扣化石能源减排、副产物土壤碳汇3个方面，并基于秸秆和畜禽粪污两大类农业废弃物资源禀赋及能源化利用潜力，预测3种不同情景下农业生物质能替代化石能源的潜力，以及减排温室气体的贡献。基于现有政策及规划情景、技术水平提升情景、能源需求结构变化情景3种不同情景，评价农业生物质能对温室气体减排贡献潜力。结果显示，沼气/生物天然气和热解气化技术的温室气体减排量分别为3.47t CO_2e/tce和3.20t CO_2e/tce，成型燃料、捆烧供暖、生物质发电、碳化和燃料乙醇技术的温室气体减排量分别为2.57t CO_2e/tce、2.63t CO_2e/tce、2.58t CO_2e/tce、2.4t CO_2e/tce、2.42t CO_2e/tce，户用沼气的温室气体减排量为1.95t CO_2e/tce。热解炭气联产、沼气/生物天然气的温室气体减排贡献最大，其次是热解气化技术，随后是捆烧供暖、生物质发电、成型燃料、燃料乙醇及炭化等技术，最后是户用沼气技术。未来，我国秸秆能源化利用潜力可保持在约1.20亿吨，约占秸秆资源量的13.3%；畜禽粪污能源化利用潜力到2030年和2060年将分别达2.12亿吨和3.27亿吨,分别占总资源量的11.2%和15.3%,到2030年,农业生物质能替代化石能源潜力为6490万~7664万吨标准煤,温室气体减排贡献为1.97亿~2.34亿吨CO_2e;到2060年替代化石能源潜力为9073万~10763万吨标准煤,温室气体减排贡献为2.79亿~3.36亿吨CO_2e。

(三) 存在的问题和困难

1. 支持政策体系有待落实完善

农业废弃物处理收费、用地用电、终端产品补贴、沼气产品保障收购以及流通等环节的政策还不够完善,落实落地存在明显差距。在国家层面仍缺乏统一、明确的政策支持,农村沼气、秸秆打捆直燃、成型燃料等清洁取暖方式无法享受国家北方清洁取暖优惠政策。生物天然气并入燃气管网和电网难,燃气管网经营企业和电网公司收购生物天然气和沼气电力积极性不高。我国大部分县级及以上城市将燃气特许经营权授予了当地燃气销售企业,一些农村燃气参照城镇燃气管理,形成了区域性垄断经营,导致生物质燃气只能被燃气经营企业压制价格后就近收购。对以分散取暖为主、经济承受能力较弱、不具备清洁能源替代条件的农村地区,还缺乏明确稳定的政策支持和发展条件。国家支持主要体现在前端的投资补助,政府和社会资本合作机制尚未有效建立,政府投资放大效应发挥不够。

2. 产业化发展瓶颈有待突破

生物质能市场竞争力弱,存在收储运难度大、生产加工成本高、费时费工等问题,与煤、电、天然气等常规能源相比,市场竞争力弱。农村供气、供热管网及配套设施缺乏,新建管网系统一次性投资偏高。服务保障体系尚未建立,仍未形成完整的产业链,已经成为生物质能规模化、商品化、产业化发展的重要制约瓶颈。生物天然气生产成本约为每立方米2.5~2.7元,销售价格应达到每立方米2.8~3元才能维持企业正常运营,比国家发展改革委规定的天然气基准门站价格每立方米高1元左右。农业生物质收储运体系还不完善,收集机械化水平整体还比较低,关键技术环节和装备不足。生物质燃料热值低、密度小,收集半径大,收储运费工费时费地,燃料成本高。秸秆成型燃料和打捆直燃供暖受煤炭市场波动影响大,煤炭价格涨跌直接影响生物质能技术模式的推广应用。在没有国家补贴支持或强制配额政策出台的情况下，生物质能生产成本高，不具备市场竞争优势，导致已建成的企业运营困难，社会资本缺少主动投入意愿。

3. 生物质能利用技术水平有待提高

目前，我国生物质能利用技术已基本能够满足国内需求，但在系统整体效率、稳定性、装配可靠性等方面仍与国外先进水平存在差距。例如，国内生物质连续热解成套装备水平低，连续运行稳定性、可靠性不高，热解气除焦、焦油高效利用等，技术研发还需进一步提升。秸秆成型燃料的成型设备使用寿命短，环模、压辊等关键部件易磨损，生产成本偏高。打捆直燃锅炉与其他锅炉相比燃烧效率偏低、氮氧化物排放偏高，且自动化水平低，缺少智能化控温燃烧，需要进一步研发高效低氮智能化控温打捆直燃技术与装备；沼气工程以湿法发酵为主，与国外大力发展的干法厌氧发酵技术相比，存在工程建设成本高、沼液产量大、容积产气率低、环境污染风险高等问题。农村供气、供热管网及其配套设施缺乏，新建管网系统一次性投资偏高。

（四）意见和建议

1. 明确发展定位和目标

以推进农业农村绿色低碳循环发展为引领，聚焦农业农村减排固碳、北方地区冬季清洁取暖、农村人居环境整治等重大需求，将农业生物质能作为优化能源结构、改善农业农村生态环境、发展生态循环农业的重要内容，推动农业生物质能与农业生产、农民生活、乡村建设紧密结合，推进生物质能规模化、专业化、产业化和多元化发展。

2. 坚持低碳循环发展

积极顺应我国能源发展客观规律，坚持绿色发展理念，坚持清洁低碳发展方向，充分利用秸秆、人畜粪污、有机垃圾和生活污水等农业农村有机废弃物资源，将其转化成高品质的生物质燃气、成型燃料等清洁可再生能源，有效缓解农村地区供气供热供暖等供需矛盾，治理农业农村污染，改善农村人居环境，助力农业生态循环，服务乡村振兴战略。推动形成农业生物质能零碳能源属性社会共识，从国家层面明确生物质能在推进农业农村减排固碳、北方农村地区清洁取暖、乡村生态振兴的战略定位，形成大力推进生物质能开发利用的社会共识，促进生物质能产业可持续健康发展。

3. 深挖生物质能减碳降碳潜力

因地制宜建设区域性沼气/生物天然气中心、生物质热解气化工程等，推动生物质燃气集中供气供暖、发电上网，生物天然气车用或并网等应用。在秸秆资源丰富和农村生产生活能源消费量较大的区域，因地制宜推广应用打捆直燃供暖、生物质成型燃料等技术模式，建设一批秸秆清洁供暖示范村镇（园区），满足村镇或社区、农业园区及中小学、卫生院等公共机构取暖需求。在"煤改电""煤改气"难以覆盖且居住分散、规模较小的村庄，示范应用"秸秆成型燃料+专用炉具"等单户取暖模式，推广一批秸秆清洁炉具。推动生物质发电向热电联产转型，集成开发"生物质能+太阳能""生物质能+光伏""生物质能+风能"等多能互补利用模式。试点示范非粮燃料乙醇工程，扩大生物燃料乙醇和生物柴油的商业化运用效果。

4. 加强减排监测与核算认证体系建设

生物质能取暖作为农村分散式清洁取暖的有效方式，应该有自己独立的能源属性和地位，亟须制定符合国情的生物质能技术、装备、工程、排放要求等系列标准。建立农业生物质能减排监测、核算、认证体系，更准确、更有效地掌握和评价农业生物质能排放现状及减排潜力，科学核算农业农村减排固碳贡献，为推动农业碳减排纳入交易市场等提供数据支撑。

五 农机渔机

二氧化碳、氮氧化物是农机和渔机作业碳排放的主要形式，来源于农机和渔机装备的化石能源燃烧排放。我国农业温室气体的主要形式是农业甲烷和氧化亚氮，农业二氧化碳、氮氧化物在我国农业温室气体中占比较小。因此，农机和渔机作业碳排放在我国农业碳排中放占比较小。近年来，随着我国农机化快速发展，中型、大型高效农机和渔机装备广泛使用，全国农机总动力已突破10亿千瓦（见图3-4）。农业机械化水平不断提高导致农机作业碳排放持续增加，据估算，目前农机作业在种植业碳排放中占比在15%以上。根据农业农村部印发的《"十四五"全国农业机械化发展规划》，到2025年我国农机总动力稳定在11亿千瓦左右。因此，我国农机和渔机装备减排固碳形势严峻、任务艰巨。柴油、汽油、天然气等化石能源是我国农机和渔机装备主要动力和能量来源，而我国农机和渔机装备普遍存在能源消耗量大、燃烧热效率低、排污严重等问题。目前，农用柴/汽油机和农产品烘干机是我国农用化石能源主要消耗源，其中农产品烘干环节消耗的化石能源占我国农机和渔机装备消耗化石能源的50%以上，燃烧排放的温室气体已成为我国农机和渔机装备温室气体排放的主要来源。

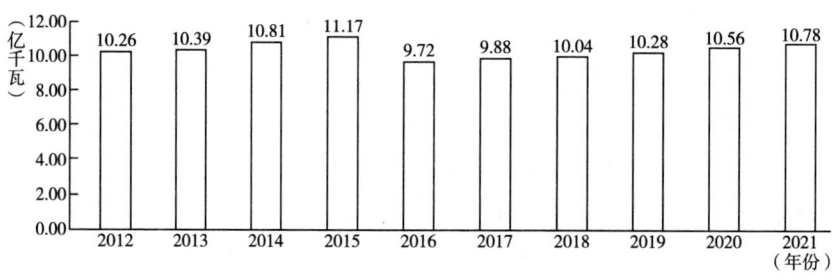

图 3-4　2012~2021 年全国农机总动力变化趋势图

（一）国内外研究进展

1. 发达国家

（1）农业机械

发达国家农业和渔业生产已进入全程机械化阶段，并通过推广绿色机械化生产技术、发展清洁替代能源、制定节能减排法律法规、严格农用机械排放标准等多措并举，实现了农业机械化生产的绿色转型。

研发和推广农业绿色机械化生产技术。发达国家农机装备研发较早、技术水平先进，其传统农机装备具有高效率、低损失、低能耗、低排放等特点。为促进农业绿色转型，发达国家率先开展了农业绿色机械化生产技术研发和推广，如新能源替代、保护性耕作、精密播种、智能节水灌溉、精密植保喷雾、牲畜智慧化养殖、新型高性能材料等技术。

发展清洁替代能源。发达国家正在积极发展清洁能源和替代能源，来改善目前主要以化石能源为动能的农机和渔机装备，如采用电能、太阳能、氢能、生物质能、地热能等新能源装备替代传统装备。

制定节能减排法律法规。美国从1975年至今颁布了《能源政策和节约法案》《能源政策法案》，以促进节能增效、可再生能源使用和国际能源合作。1972年美国颁布了《清洁空气法》，并根据工业技术水平的发展进行了多次修正，从法律层面规范二氧化碳气体排放，农机装备尾气排放也被列入控制范畴。这些节能与环保法律法规的针对性和可操作性强，为其农业生产的绿色转型提供了重要的法律保障。征收高额燃油税也是发达国家实现节能减排的普遍做法，高额燃油税有利于促进能源节约、减少污染物排放。

严格农用机械排放标准。从20世纪90年代起，美国和欧盟就分阶段制定并实施了严格的非道路移动发动机排放标准，针对新生产的农用拖拉机和部分以柴/汽油为动力的农机装备提出了严格的排放标准，且标准适用范围逐步扩大，排放指标不断升级。

（2）渔业机械

在国际组织一系列严格的环保公约和标准的"倒逼"之下，欧洲、日本等纷纷制定国家级绿色船舶发展规划和措施，加快新能源、新技术、新材料在绿色船舶领域的研究和推广，以支持本国船舶尽快满足国际环保公约规定，争取占据竞争优势。

挪威作为船舶领域绿色转型的全球领导者，其政府目标是到2030年将挪威航运和渔船的碳排放量削减50%，并采取立法规划、财政支持、政企合作、配额制度、公共采购减排化、注册激励机制等手段持续推进各类型船舶的低碳减排工作，加快船舶业的绿色发展。挪威建立了生物燃料配额义务，将生物柴油和沼气的使用作为实现2030年排放量减半目标的重要手段之一。挪威气候和环境部已组织环境署与海事局合作审查引入生物燃料配额义务措施的可行性与环境影响，联合创新署、研究理事会等科研机构及相关企业加大对以生物残留物和废物等为原料的生物沼气的研发和生产力度。

日本作为全球航运和造船业的主要参与者，正致力于在2030年前引入超低排放或零排放船舶，以期实现90%及以上（较2008年）的温室气体减排量。为此，日本正在加快新技术的研究、开发和示范，制定措施鼓励零排放船舶、清洁替代燃料供应链和相关基础设施的协同发展，将开发清洁替代燃料视为促进绿色船舶发展的有效途径，认为船舶替代燃料的实现主要有两种可能性：一是将液化天然气（LNG）燃料作为解决碳减排问题的过渡性替代燃料；二是在使用LNG燃料的同时，增加使用氢和氨燃料。

2. 中国

"十三五"以来，我国在农机和渔机装备节能减排进程中开展了大量卓有成效的工作。在农用柴/汽油机领域，重点围绕农用柴/汽油机节能减排问题，从喷射燃烧、涡轮增压、高压共轨、机外排放控制、联合动力等方面开展了联合技术攻关，以提高燃油利用率、降低废气排放。在农产品烘干领域，开展了绿色清洁能源替代、烘干余热回收、低能耗烘干工艺、多能源联合烘干等低能高效烘干技术研究。在农机领域，开展了农业机械新能源替代、机械化保护性耕作、同步侧深施肥、耕播联合作业、智能节水灌溉、水肥一体化、农业废弃物资源化利用等绿色农机技术的创新研发和推广应用。在渔机领域，围绕渔船动力系统节能减排技术升级，水科院渔机所等单位开展渔船电力推进系统与余热制冷保鲜等关键技术研究，取得了重要创新与突破，创制了国产渔船变频电力推进系统。研发新材料渔船船型，开展玻璃钢渔船主要尺度确定、总布置设计、型线优化、性能校核、船机桨最佳匹配及结构优化设计，完成玻璃钢渔船建造与施工工艺标准化规程技术研究，编制了玻璃钢施工工艺标准化规范文件。

农机和渔机装备也是固碳增汇的重要装备支撑。通过研发渔业综合养殖碳汇技术，创制机械化智能生态养殖渔机装备，提高水体空间利用率，增加水产养殖效益，并以收获、沉积等途径将碳存储，形成渔业碳汇。

（二）主要做法和成效

减排与增汇是农机和渔机装备减排固碳的两个方面。围绕农业绿色低碳高质量发展目标，我国坚持减排与增汇统筹兼顾，通过农业绿色机械化生产技术推广、农产品烘干绿色转型、新材料渔船的建造和应用、农用柴油机排放标准升级、老旧农机装备报废更新、农机手驾驶操作技术提升等多种措施，推进农机和渔机领域减排固碳工作，取得了显著成效。

1. 减碳增汇型农业绿色机械化生产技术推广

农业绿色机械化生产技术相比传统农业机械化生产技术，能够有效减少农资使用量，减少柴油、汽油、天然气等化石能源消耗，达到农机减排固碳的目的。近年来，我国积极开展低能高效烘干、新能源替代、保护性耕作、同步侧深施肥、耕播联合作业、智能节水灌溉、水肥一体化、农业废弃物资源化利用、牲畜渔业智慧化养殖等农业绿色机械化生产技术的创新研发和推广应用。2021年11月，农业农村部首次以减排固碳为主题发布了农业农村减排固碳十大技术模式，其中保护性耕作固碳技术、秸秆还田固碳技术、牧草生产固碳技术、渔业综合养殖碳汇技术、秸秆能源化利用技术5种模式均需要提供农机或渔机装备支撑。2020年3月，农业农村部、财政部联合印发《东北黑土地保护性耕作行动计划（2020—2025）》，提出力争到 2025 年，东北地区保护性耕作面积达到 1.4 亿亩，占东北适宜区域耕地总面积的 70%。保护性耕作能够有效遏制秸秆焚烧，减少甲烷、二氧化碳等温室气体排放；较传统机播方式，减少机具下田次数，减小机具能源消耗；减少对土壤的扰动，促进蓄水保墒，提高表层土壤有机碳含量，增强土壤固碳能力；通过秸秆还田可以将碳保留在土壤中，增加土壤有机质含量，减少化肥施用量。通过实施保护性耕作行动计划，预计到 2025 年，我国每年可减少碳排放量 83 万~250 万吨 CO_2e。

2. 农产品烘干绿色转型

优先在全国产粮大县布局粮食产后服务中心。2017 年国家启动实施优质粮食工程，支持在全国产粮大县建设专业化的粮食产后服务中心，改造提升老式烘干设备和新建符合环保要求的烘干设备等，引导农产品绿色烘干产业发展进入快车道。目前，项目已覆盖全国 1000 多个产粮大县，新建或改造提升连续式烘干机 2300 多套、循环式烘干机 7600 多套。同时，推动烘干设备绿色环保热源升级改造。我国农产品烘干设施传统能源以燃煤为主，且普遍规模较小。2018 年国务院出台《打赢蓝天保卫战三年行动计划》，引导各地开展绿色环保能源升级改造，结合当地资源禀赋科学选择环保能源。在粮食主产区及加工副产物综合利用比较发达的地区，优先推广农作物秸秆、稻壳等生物质燃料；四川、重庆等在充分考虑天然气管线铺设条件的基础上，优先推广天然气热源；在靠近热电厂的区域，优先推广电力供热；在南方稻谷主产区，推广热泵干燥。此外，指导各地争取烘干享受农电政策，浙江、四川、安徽等地先后将粮食烘干设备纳入农电范畴。

3. 农用柴油机排放标准升级

2019 年，我国农用柴油发动机总动力 7.97 亿千瓦，占全国农机总动力的 77.53%，全国农用柴油使用量 1934 万吨，占全国柴油使用量的 13% 左右。农用柴油机排放标准的升级，将大幅减少农业二氧化碳、氮氧化物等温室气体排放。2016 年 4 月，我国农用柴油机排放标准由"国二"升级至"国三"，氮氧化物、碳氢化物等污染物排放大幅下降。2022 年 12 月，我国再次对农用柴油机排放标准升级，由"国三"升级至"国四"，并且对氮氧化物、碳氢化物及固体物的排放限值提出了更严格要求。"国四"标准要求引入排气后处理技术，针对不同功率段发动机在机外加装颗粒捕集器（DPF）、选择性催化还原装置（SCR）、氧化型催化转化器（DOC）或废气再循环系统（EGR）等，同时要求加装排放控制系统检测装置及其远程在线监控和定位装置，实现排放故障的远程检测、控制和定位。"国四"标准的执行，是技术的一次系统性升级，有利于加快推动农业机械向绿色、高端转型发展。

4. 老旧农机装备报废更新

我国农机装备总量快速增长、农机作业水平快速提高、农机社会化服务持续发展，为农业农村现代化建设提供了强有力的装备支撑，但同时面临大量老旧农机超期服役的问题，迫切需要采取有效措施，通过政策支持加快耗能高、污染重、安全性能低的老旧农机淘汰进度，努力优化装备结构。2012年9月，农业部、财政部、商务部联合印发《2012年农机报废更新补贴试点工作实施指导意见》，选取11个省（区、市、兵团、农垦）开展农机报废更新试点；2020年2月，又联合印发《农业机械报废更新补贴实施指导意见》，将农业机械报废更新由试点转入全面实施阶段，将实施范围由部分省份扩大到全国，报废机具种类由原来的2种扩大到7种，同时适当提高了资金补贴标准。2012年至今，全国投入报废旧机补贴资金近8亿元，累计报废老旧农机20余万台，有力推进了农业机械化转型升级和绿色发展。

5. 农机手驾驶操作技术提升

农机装备的作业质量和能耗水平与农机操作人员的技术水平有关，操作同一台收割机，熟练农机手会比新农机手耗能减少10%、作业效率提升10%、收获损失减少10%。2021年9月，农业农村部印发《关于将机收减损作为粮食生产机械化主要工作常抓不懈的通知》，要求组织开展专业农机手培训，强化骨干农机手的驾驶操作技术和职业素养。全国各级农业农村部门组织农机推广骨干和农机化生产一线"土专家"，开展机械保养维修、减损减排、安全生产等技术巡回指导，帮助机手正确调整机具参数，及时排除故障，降低收获损失、能源消耗。组织拖拉机、播种机、收割机、植保无人机等多种类型的农机驾驶操作技术比赛，提升农机手驾驶操作技术水平，推动农机作业低损高效、节能减排。通过培育一批农机合作社、农机大户及农机作业公司等新型农机服务组织，建设一批"全程机械化+综合农事"服务中心，提升农机服务能力，有效减少了水、种子、化肥、农药、农膜等农资使用量，实现农机作业低损高效、节能减排的目的。

6. 加快新材料渔船的建造和应用

我国在绿色船型建造、配套设备的绿色化、特殊减排技术、船舶材料循环利用等方面取得了一定成果，紧跟世界发展趋势。深入开展新材料渔船的用户调查，分析渔业捕捞和休闲渔业的作业方式、船型需求和海上休闲种类，遴选需求量较大、适用性较强且普遍受欢迎的船型，组织研发安全舒适、节能环保的标准化船型，向社会公布后供渔民选择。组织行业专家开展新材料建造与应用关键技术研究，提炼形成突破性研究成果在行业内共享。研究提出玻璃钢等新材料渔船的后处理方法。针对玻璃钢材质不易降解的特性，组织科研公关，借鉴国外经验，研究形成适合我国国情的废料和报废材料的处理方法，消除海洋环境污染隐患。在玻璃钢渔船建造过程中产生的废料应严格执行环保部门关于固体废料的处置规定与办法，不得违法违规倾废。

（三）面临的问题和困难

1. 如何处理好农机降碳与粮食保供的关系是农机减排固碳面临的主要难题

我国农业生产已进入用机械化全面替代人畜力的加快发展阶段，农机装备的保有量和使用率不断增长。但农机的广泛使用又会带来碳排放的持续增加，如何处理好农机降碳与粮食保供的关系是农机减排固碳面临的主要难题。农机减排不是减生产力、不排放、不使用或少使用，而是要依靠农机领域的固碳减排理论与技术创新，走生态优先、绿色低碳农机化的发展道路，在经济发展中，促进农机化绿色转型。当前，在农机生产应对气候变化方面，我国已经开展了许多科技创新和生产实践，比如"耕整-播种-施肥"联合作业装备和技术，能够有效降低对土壤的扰动，减少土壤有机碳流失，提高土壤质量和固碳能力；科学开展秸秆还田，能够减少秸秆焚烧的排放，还能够起到固碳的作用；以及低能耗高效率农机装备和关键部件、农机智能调度系统的开发和应用、新能源装备替代传统装备等方式，均是降碳、保供动态统一、协同推进的措施。

2. 基础研究薄弱，协同创新不足，提升农机减排固碳技术任务艰巨

我国农机减排固碳技术尚处于发展初期。由于我国农业生产模式及基础条件等均与发达国家差异较大，发达国家现有农机减排固碳技术无法直接满足我国农业农村低碳发展，我国农机装备减排固碳技术只能立足自主

创新。农机装备减排固碳技术涉及农用发动机、农业新能源、农业机械、农业水土、农药化肥、种植农艺、智能调度等多个专业领域，需要统筹谋划、深度融合、协同推进；此外，农机装备减排固碳技术必将涉及很多新技术、新原理、新产品，而我国在这方面的基础研究薄弱、协同创新不足、技术储备不足，且目前所投入的人力、财力还远远不够，提升农机装备减排固碳技术任务艰巨。

3. 渔船渔机节能减排技术研发与应用尚待进一步加强

渔船船型杂乱，船机桨匹配差，装备集成优化度低，低碳渔船渔机关键技术及装置研发不足；燃料新能源在渔船上应用难度大，与传统渔船渔机相比，新技术、新能源和新材料机械初始投资成本较高，受传统观念的影响，渔民的认可度和接受度不高，而在国家和主管部门方面，缺乏长期稳定的政策支持，导致新技术和新材料的应用只能进行小范围或个别的示范，无法进行大规模推广应用。

（四）建议和意见

1. 加快农业绿色机械化技术装备研发和推广

通过政府资金支持和科技人才投入，加快低排放、低能耗、固碳增汇等农业绿色机械化生产的新技术和新原理探索研究、关键部件和整机装备创制。率先推广低能高效烘干、新能源替代、保护性耕作、同步侧深施肥、耕播联合作业、智能节水灌溉、水肥一体化、农业废弃物资源化利用、牲畜渔业智慧化养殖、新材料农机渔机等农业绿色机械化技术装备。通过作业现场演示、购机补贴和报废更新补贴等措施，引导农民使用低能耗高效率的农机装备，促进绿色机械化生产装备推广应用。

2. 保障"国四"排放标准平稳升级

农机排放由"国三"升至"国四"，是技术的一次系统性升级，有利于加快推动农业机械向绿色、高端转型发展。全国农机化管理部门要充分发挥技术支撑作用，依法依规办事、方便农机企业、提高工作效率，做好农业机械推广鉴定大纲、产品鉴定、获证产品信息变更、购机补贴政策等工作的衔接，为妥善做好"国四"排放标准升级平稳过渡奠定良好基础。同时，制定相关优惠政策，协助和推动农机企业尽快完成"国三"库存机具的改进升级。

3. 加快农机渔机报废更新政策实施

大量老旧农机渔机超期服役，对安全生产和环境保护带来一定影响，迫切需要通过政策支持加快耗能高、污染重、安全性能低的老旧农机渔机淘汰进度。目前相关报废更新补贴还存在补贴种类少、补贴标准低、回收企业少、报废条件高等问题，要通过完善实施方案、加强宣贯培训、推行便民服务、强化监督管理等措施，加大老旧农机淘汰力度，加快节能环保、安全可靠农机推广应用，努力优化农机渔机装备结构，推进农机渔机转型升级。

4. 强化农机手驾驶操作技术培训

积极开展农机手驾驶操作技术培训，指导农机手低能耗高效率使用农机，强化骨干农机手的低损高效、节能减排操作技术和职业素养。常态化组织开展多种类型的农机驾驶操作技术比赛，以赛促训、以赛提技，激发广大农机手比学赶超低损高效、节能减排的荣誉感使命感。广泛开展农机作业低损高效、节能减排大宣传活动，通过广播、电视、报纸、网站及短视频、明白纸、微信群等群众喜闻乐见的传播渠道，营造广大农机手和全社会关注支持低损高效、节能减排作业的浓厚氛围，使全行业牢固树立"减损减排"意识，推动按标按规作业。

六　气候韧性

随着国际社会应对气候变化行动的深入开展，各国对适应行动重要性的认识逐步提高。良好的适应行动增加农业系统气候韧性，而气候韧性是资源高效利用、稳固减排成果的坚实基础。目前有关适应行动的基础理论较多，概念性认知比较丰富；但各国由于自身自然地理条件及社会经济条件的限制，开展实际适应行动较少，对于适应技术的研发和应用还很有限。目前，有关农业、社会经济、水资源等对气候变化影响的适应技术研究是全球关注的重点。近30年来，各地对于已经发生的气候变化有意识或自发采取了一些适应措施，很多国家探索应对气候变化造成的升温、干旱、洪水等影响的适应技术。农业领域的适应技术包括高抗性品种选育、节水灌溉技术、农田管理措施调整、种植结构调整、防灾减灾技术等。

（一）国内外研究进展

1. 欧洲

目前，欧洲已有25个国家制定或正在研究本国农业适应气候变化的国家战略。总体来看，当前战略在各级政府层面和各领域中设计、规划了非常宽泛的适应行动，但由于对气候变化的长期性、复杂性，特别是不确定性把握不到位，这些行动计划的实施进展缓慢。迄今为止，多数努力还局限于对洪涝灾害的风险管理以及增强意识、加强研究等方面，并未体现在国家农业政策之中。已经提出的适应措施，从适应性质上可分为挑战的应对和机遇的利用，从适应类型上可分为管理、技术/设备和基础设施建设，从实现途径上可分为提高适应能力、采取适应行动和自动调节，从适应层次上可分为宏观行业和微观农场，从空间管理上可分为欧盟成员国和农业气候区，从时间跨度上可分为近期（5年内）、中期（5~10年内）和长期（10年以上）。

气候变化对欧洲农业生产及农业环境产生了较大影响，未来将对欧洲农业产生深远影响。针对气候变化带来的挑战，欧洲各国正在采取或者将要研发不同的适应措施。

一是针对干旱和水资源短缺加剧问题采取三类措施：增加土壤的保水能力以减少灌溉需要；增加冬季雨水的收集以增加后续灌溉供水；改进灌溉用水的效率。

二是气候变暖导致农业病虫草害增强，识别、评估潜在风险，开发针对新的病虫害图谱的新型可持续综合杀虫剂策略，如引种相应的耐热旱、抗病品种，最大限度地利用生物防治的方法及控制计划并传授给农户。另外，已有很多国家实现精准的病虫害预警服务技术。

三是针对洪涝灾害加大的问题，农场需要提高土壤排水能力，最大限度消除雨涝副作用的进一步扩散，并建议农户不要在雨涝易发地养殖牲畜。对于建筑物和设备的保护要靠农场购买足够的保险。耕地保护措施主要是通过采取从改进土壤结构到等高耕作等方法增加土壤渗透能力，修建坚固的防御和排水系统等基础设施。

四是气候变化导致水质退化，农场层面采取的适应措施是减少农地径流，特别是牲畜粪便污染。优化农肥、化肥的作用，另外要在河道边种植生物篱墙、防护林等隔离带，减少养分淋失，控制土壤侵蚀。

五是气候变暖导致冰川消退和永久冻土带改变，温度上升会导致阿尔卑斯地区和北极冰川消退、积雪厚度减小。依赖冰雪融化给生活和农业供水的阿尔卑斯和比利牛斯山区须投资建设水捕获与存储系统，来补偿季节性降水量变化带来的影响。北极地区融化的冻土带正在影响建筑物、道路和其他基础设施的稳定性，而且影响的广度和深度随温度升高而加剧。目前，结构性修复与维护已在受影响最严重的地区展开，其他地方也需就此实施保护性计划。

六是利用气候变化机遇的适应措施，农作物分布变化导致最佳耕作条件和生产力增加，利用这方面的机遇需要管理和技术手段。畜牧生产力提高，温度升高、生长季延长、饲草产量增加意味着牲畜舍养成本下降。

总体而言，虽然欧洲各国都在积极开展适应气候变化的相关研究，但由于受到国家利益、技术能力、经济水平等诸多要素的影响，实际开展的具体适应行动还非常有限，适应气候变化基本还是一种思路和理念，是一种理论上的指导和参考，缺少卓有成效的具体行动案例。

2. 日本

日本农林水产省制定了《农林水产省全球变暖对策综合战略》，提出2010~2030年在防止气候变暖方面主要措施是开发高精度碳循环模式，应用该模式提高防止气候变暖技术的水平；在气候变暖影响的评估预测方面继续开发相关预测模式，提高评估预测的精度和准确度；在适应技术研发方面有计划地推进农作物品种选育，以及安全生产和病虫害防治等适应技术的开发，建立调整农业生产布局的评估体系。日本农林水产省或所属研究机构对不同地区和不同作物开展调查，基本掌握了气候变暖对日本主要农作物的影响。

农业领域气候变暖预测和适应技术的研究开发能预测和适应气候变暖对农业的影响，避免或减少其负面影响，有效利用其正面影响。

一是气候变暖对日本农业影响的预测研究。在已有研究基础上，建立主要农作物产量、资源、品质和病虫害发生的预测模式，该预测模式包含气温、CO_2浓度、水资源、海水温度等气候变暖因子，利用该模式能够更精准地评估预测气候变暖对农业的影响程度和时期。同时，各地区研究机构与生产现场联合监测气候变暖对本地区的影响，对发生的持续影响进行分析。

二是气候变暖情况下对世界粮食供需的预测。以农业受到气候变暖和各国生物质燃料政策的影响为前提，预估中长期世界粮食的供需状况，制定确保粮食中长期稳定供给的战略。同时，建立能迅速把握各国粮食政策和供需动向的信息收集分析机制，适时应对干旱和暴雨等异常气象灾害频发造成的粮食供需混乱状态。

三是气候变暖适应技术的研究开发。根据气候变暖影响的评估预测结果制定适应技术的研发计划，解析气候变暖导致农作物品质和产量等降低的生理原因和遗传机理，尽快有计划地开展包括基因工程在内的农作物适宜品种选育及栽培管理等方面的安全生产技术研究开发。建立包含气候变暖影响、不同作物供需预测、使用适应技术所需成本等要素的生产格局评估体系。

3. 韩国

韩国农林水产食品部宣布，到2020年农业领域温室气体排放量减少35%，森林碳汇提高6%。围绕这一目标成立了"第一届气候变化应对委员会"，商讨"农林水产食品领域应对气候变化基本计划方案（2011~2020年）"。为实现目标，韩国在种植业领域采取的措施包括减少化肥使用量，扩大新能源的普及应用，加强适应气候变化的品种与栽培技术的开发。

4. 印度

针对气候变化对印度农业可能造成的潜在影响，印度最大的农业研究组织印度农业研究理事会提出了以下应对措施。

一是培育农作物新品种。加强动植物抗性基因收集、鉴别和利用；加强遗传标记辅助育种研究，培育转基因品种，增强作物对生物和非生物逆境的抗性，培育抗热、抗旱和抗病虫品种；探索将C_3转变为C_4植物的途径。

二是发展新型土地利用技术体系。开发适合气候变化条件的新型农艺栽培技术；研究维护、恢复和改良土壤肥力的技术；使用适宜的多用途动植物新品种；加强对自然降水、地表水和地下水综合管理。

三是加强气象与气候的预报和管理。建立区域应急计划，应对极端温度和降水灾害风险，加强极端气候情况下市场和非市场的运行管理；加强短、中、长期气象预报工作，降低农业生产风险；建立以知识为基础的气象信息操作、管理和决策支持系统；加强病虫害的监测，建立病虫害预测系统，对病虫害进行高效防治管理；加强以气象为基础的保险项目，提高农民抵御气候变化风险的能力；开展气候变化与作物病虫害关系研究；开发本土传统知识，加强其在生产中的应用。

四是在国家重大发展计划中要考虑气候变化影响以及对气候变化的适应。建立新的基础设施，制定新的政策和建立新的研究机构，对新型土地利用模式提供技术支持；加强雨水收集和水土资源保护投资，大力推广和应用提高水分利用率的技术；在水土资源、能源以及其他农业资源上制定经济价格政策，促进科学技术的应用；在改良土地管理方面制定优惠政策，保护水土资源和能源，提高资源利用率；为企业和农业社区制定优惠政策，鼓励生产和使用缓释肥料和温室气体抑制剂；鼓励农民和农业企业发展CDM项目；在气候变化适应技术的研究方面加强国际合作；建立绿色研究基金，加强"适应、减缓和影响评估"研究。

5. 非洲

来自非洲23个国家的农业部长或官方代表以及非盟、联合国粮农组织（FAO）、世界银行的代表，呼吁发展气候智慧型农业，应对气候变化和自然资源日益短缺对当地农业带来的冲击。

气候智慧型农业致力于可持续地增加农业生产力，增强农业对环境压力的防御力，帮助农民应对气候变化带来的影响，同时降低温室气体的排放。它利用成熟的实用技术和创新措施来取得粮食安全、气候适应和减少排放"三赢"。气候智慧型农业不仅包含覆盖保墒、间作种植、保护性耕作、作物与家畜综合管理、农林复合系统、改进放牧和水管理等成熟的实用技术，还包括更好的天气预报、早期预警系统和保险措施。气候智慧型农业需要把现有技术提供给农民，也需要开发耐旱、耐涝作物等新技术，还需要建立有利于适应气候变化的政策环境。

（二）主要做法与成效

农业是受气候变化影响最大的产业。气候变化对中国农业的影响利弊共存，以弊为主。温度增高、热量资源增加给东北地区水稻生产带来了机遇和便利。由于气候变暖，作物生长期相对延长，种植界限邻近区域对气候变化尤为敏感，为应对气候变化的影响，农作物种类、地理分布和种植制度等必须做出相应调整。气候明显暖干化和作物需水量增加，将进一步加剧东北西部地区的干旱缺水和土地盐碱化，导致粮食作物产量下降、品质降低、病虫草害加重；化肥利用率降低，农业投入增加，生产效益下降；荒漠化、盐渍化加剧，耕地面积减少。与气候变暖整体趋势相对应的高温、干旱、洪涝、台风等极端天气事件日益频发，农业气象灾害不断加剧，进一步制约我国农业的气候资源和生产潜力，加剧农业生产的不稳定性。

国内外围绕气候变化对农业的影响已采取有针对性的适应技术，包括以下几种：一是针对作物种植带和种植结构改变，开发未来光、温、水资源重新分配和农业气象灾害格局的分析技术，发展调整农作物的种植技术，作物种植季节调节技术和适宜作物品种选育技术等；二是针对干旱加剧问题，采取工程设施抗旱技术，包括滴灌、微灌、注水灌溉、膜上灌等节水灌溉技术，利用小型水库、池塘和屋顶、路面等集蓄雨水以及利用农田微地形集雨保墒技术，还有抑制农田水分蒸发的秸秆覆盖、地膜栽培、化学抗旱、间作套种、深松蓄水及生物节水技术等；三是针对灾害加剧问题，采取培育和选用适应气候变化环境的抗旱、抗涝、抗高低温等抗逆品种选育基因技术；四是针对病虫害加剧问题，适配能力强、抗病虫害高的适栽品种培养技术，生物农药有效靶标技术，物理与生态调控技术及化学防治方法等；五是针对土壤肥力下降问题，采取农田固碳增汇技术，包括配方平衡施肥、推广缓释化肥、有机无机肥配施、少免耕为主的保护性耕作技术，以及高光效栽培技术等；六是针对中国适应气候变化能力弱的问题，采取调整农业管理措施，如农作物春季适时早播、秋季适当晚播以及控制盐碱沙荒、水土流失、节水栽培、适期防治病虫害等。

尽管国内气候变化的农业适应技术已经取得明显进步，但与国外的研究相比仍存在很大差距，主要表现在以下几个方面。一是品种选育技术方面，虽然在杂交水稻、杂交谷子和抗虫棉等少数领域居国际领先水平，但总体而言多种作物的育种技术基本上仍是直接应用国外育种技术或利用国外品种资源，自主创新的育种技术较少，许多新育品种优点并不突出。二是节水农业技术、管理和水分利用效率与以色列等先进国家尚有较大差距，缺乏节水农业发展的基础数据资料积累和对农业用水状况的有效监测与控制，从纯基础研究到应用层面的基础研究还很欠缺，缺乏标准化、定量化和集成化的农业节水综合技术体系和应用模式，缺乏高效快速鉴定评价植物抗旱性能的方法与指标，信息化技术应用水平较低，农业节水管理的信息采集、传输的可靠性差。除西北干旱区的部分河流外，大多数地区没有做到按流域统一管理和配置水资源，普遍存在上下中游无序争夺水资源和掠夺开采地下水资源的现象。三是病虫害防治技术方面，对气候变化影响下的有害生物发育、入侵和危害规律以及生态调控技术等的研究薄弱，技术上很大程度仍依靠化学农药。四是针对某一区域气候变化特点所采取的适应气候变化的种植制度、栽培模式以及培肥模式等，无论从理论研究，还是从应对技术的成熟度来说，仍不完善，缺乏系统性。五是我国的设施农业发展水平较低，抵御自然灾害的能力还很差，周年性、全天候、反季节的企业化规模生产设施农业还很有限。六是针对气候变化对农业影响的检测设施和智能响应系统建设与发达国家有较大差距，如作物生长和农田环境要素远程监测和土壤水分自动观测调控在发达国家的家庭农场已经普及，在我国仍停留在试验研究阶段，只有极少数试点；FAO在全球提倡的气候智慧型农业，在我国只有个别农村开始试点。

总体来看，目前我国适应气候变化的农业技术尚停留在对现有可用技术的分析筛选上，还没有完全实现基于气候变化影响的风险分析来采取针对性的适应技术，对各可行农业适应技术的评估研究还很缺乏。需要加强生物技术、抗御逆境、设施农业和精准农业等方面的技术开发和研究，强化人类适应气候变化及其对农业影响的能力，减少气候变化对农作物的不利影响。

1. 农田基本建设（水利、基础设施等）技术

通过水利工程技术设施、生态工程技术设施以及农产品储藏、加工与流通设施等建设，改变不利于农业生产发展的自然条件，为农业高产高效服务。加强水土保持、生态环境综合治理，增强农业系统应对气候变化的物质基础与适应能力。促进土地流转和适度规模经营，推进农村合作经济组织的发展，加强农业的社会化服务体系，提高农业的产业化水平。加快农业机械化与现代化进程。在经营管理层面上建立适应气候变化的响应机制。

2. 作物抗逆（抗旱、耐涝、耐高温、抗病虫等）品种选育技术

以现代生命科学为基础，结合气候变化条件下干旱、洪涝、高温、低温冷害等灾害对作物的影响，采用先进的科学技术手段，按照预先的设计对生物或生物的成分进行改造和利用，使之适应气候变化及其影响。主要包含遗传育种技术（杂交育种、突变育种、转基因育种、分子标记等）、细胞工程技术与组织培养技术等。从基因、细胞层面挖掘并调整作物适应气候变化的能力，是作物应对气候变化的关键技术。

3. 作物应变耕作栽培技术

针对气候变化影响，运用农作物生产的技术与原理，调节作物群体或个体以增强对气候变化的适应能力，包含栽培、耕作、施肥、排灌等方面的技术措施。根据作物的生长发育过程，可以分为应变播种技术（抗旱播种、防涝播种、适时播种等）、应变耕作技术（覆盖抗旱技术、耕作保墒技术、抗涝耕作技术等）、应变栽培技术（土壤结构改良技术、防淋失技术、以肥调水技术、肥料保持及管灌、喷灌、滴灌等节水灌溉技术等）、灾后补救技术等。从作物个体、群体层面调整人类行为，增强作物适应气候变化的能力，是现阶段作物适应气候变化的基础技术。

4. 农业种植结构调整技术

针对气候变化带来的影响，对一个地区或生产单位作物种植的品种、布局、配置、熟制进行调整，使之与变化了的气候相适应，包含作物种植的时空分布、种类、比例、一个地区或田间内的安排、一年中种植的次数和先后顺序等。我国不同区域已有不少成功案例，如华北"冬小麦-夏玉米"套改平、长江中下游双季稻改制、东北水稻玉米扩种、冬麦北移、热带亚热带作物北移、南方冬季农业开发、华北"两晚"技术。从区域层面调整人类农业生产行为，有效利用气候变化带来的有利资源，避免气候变化带来的不利影响，是农业领域适应气候变化的重要技术措施。

5. 作物病虫害防治技术

气候变化影响下，作物病原微生物、有害昆虫、有害植物等有害生物在发育历期、危害期、种群增长力、繁殖代数、发生地理范围、危害程度等方面发生了显著变化，通过物理、化学、生物等技术手段进行综合防治，可以有效控制气候变化条件下作物病虫害的爆发。目前，通过生物技术或传统的育种技术增加寄主植物对病虫害的抗性，在监测预警的基础上，使用杀虫剂、杀菌剂和除草剂来防治作物病虫草害，既可减缓气候变化的影响，又可确保作物生产系统的可持续性，保障全球粮食安全，这仍将是今后采取的最主要和最基本的措施。

6. 农业适应气候变化保险技术

针对农业生产者在种植业生产过程中遭受的由气候变化引起的自然灾害、意外事故、病虫害等所造成的经济损失专门提供保险。按种植过程可以划分为农作物保险与收获期农作物保险。其中，农作物保险是以稻、麦等粮食作物和棉花、烟叶等经济作物为对象，以各种作物在生长期间因自然灾害或意外事故使收获量价值或生产费用遭受损失为承保责任的保险。收获期农作物保险以粮食作物或经济作物收割后的初级农产品价值为承保对象，是作物处于晾晒、脱粒、烘烤等初级加工阶段的一种短期保险。农业适应气候变化保险技术是规避气候变化所带来的不利影响的有效市场手段。

（三）面临的问题与困难

对于农业领域而言，农田基本建设（水利、基础设施等）技术、作物抗逆（抗旱、耐涝、耐高温、抗病虫等）品种选育技术、作物应变耕作栽培技术、农业种植结构调整技术、作物病虫害防治技术、农业适应气候变化保险技术等，从农田基本建设、品种、农艺、种植结构、病虫害、保险六个方面阐释了农业适应气候变化的关键技术，适用于农业生产覆盖的大多数区域。

农业适应气候变化，使用某类单一技术并不能达到很好的适应效果，往往需要对以上六类适应关键技术进行有机组合，形成综合适应技术体系。气候变化影响下，我国不同区域的农业气候资源、农业气象灾害、病虫害等都在发生变化，针对不同区域的气候变化对农业影响的风险，优化筛选并组合形成区域性不同作物适应气候变化的技术体系，这是农业领域适应气候变化的有效途径。

从气候变化所带来的平均趋势与极端气候事件来看，为适应气候变化引起的农业气候资源变化，适宜采用农田基本建设（水利、基础设施等）技术、农业种植结构调整技术与作物应变耕作栽培技术；为适应气候变化引起的极端气候事件（农业气象灾害、病虫害等）变化，适宜采用农田基本建设（水利、基础设施等）技术、作物抗逆（抗旱、耐涝、耐高温、抗病虫等）品种选育技术、作物应变耕作栽培技术、作物病虫害防治技术与农业适应气候变化保险技术。

适应气候变化技术的可行性分析是对适应气候变化技术可行与否的综合判断，它包含三个方面的含义：技术可行性、经济可行性与社会可行性。只有在技术、经济、社会三个层面具有可行性，适应气候变化技术才能够真正推广应用。

第一，技术可行性。技术可行性是适应气候变化技术推广应用的基础。不同领域或区域面临的气候变化关键问题各不相同，因此适应气候变化技术也千差万别，有些技术成熟而完善，有些技术仅在理论上可行。一项适应气候变化技术要在实践中推广应用，必须具有可操作性与实用性。以海岸带地区为例，气候变化导致热带气旋活动强度加大，台风对海岸带地区带来的危害也越来越大，因此台风灾害预测预报技术显得尤为重要，是海洋领域适应气候变化的关键技术，但现阶段该技术的准确率与精度还存在较大的偏差，实用性不强，有待于进一步的研发。

第二，经济可行性。经济可行性是适应气候变化技术推广应用的保障。任何技术要在实际生产中推广应用，都必须具备经济可行性，适应气候变化技术也不例外。以农业领域为例，气候变化导致北方农业干旱缺水问题不断加剧，节水灌溉技术是适应气候变化的有效措施；精确灌溉技术集成了RS、GIS、GPS、网络以及决策支持系统等先进技术，从宏观到微观对农作物、土壤、气候实时监测，采用高科技（渗灌、微喷、脉冲）灌溉设施向作物根部直接精确供水供肥；该技术成本高昂，对于中国大部分农业生产地区而言，其产生的经济效益与成本远远不成正比，因此虽然该技术已经可以用于实际生产，却不具备经济可行性，现阶段并不能在中国大规模推广应用。

第三，社会可行性。社会可行性是适应气候变化技术推广应用的重要推动力。适应是指通过调整自然和人类系统以应对实际发生的或预估的气候变化或影响，其出发点和落脚点都是为了人类社会的可持续发展。适应气候变化技术的推广应用，不仅要在技术方面和经济方面具有可行性，还需要具备社会可行性。以草地畜牧业为例，气候变化导致北方草原区极端气候事件增多、暖干化趋势明显，实践表明，动态放牧技术体系是北方草原区适应气候变化的有效技术。该技术具有很好的技术可行性与经济可行性，但推广应用效果却受牧区农民接受程度的制约。在对气候变化认识较多的地区，牧民接受程度较高，动态放牧技术往往能得到很好的推行，从而形成良性循环；在对气候变化认知较少的地区，牧民接受程度较低，适应技术很难得到有效实施，往往造成更严重的环境、生态或社会问题。

（四）建议和意见

1. 近期建议

加强农田基本建设（水利、基础设施），全面检修配套完善现有农田水利工程，控制水土流失，增强土壤肥力，提高区域农业抗旱排涝能力、水资源利用率以及农业抗御各种自然灾害的能力。加快推进作物抗逆（抗旱、耐涝、耐高温、抗病虫等）品种选育技术研发及应用，运用杂交育种、基因工程、细胞工程等现代生物技术，培育能够应对气候变化不利影响（干旱、洪涝、低温冷害等）的作物品种。完善并实施作物应变耕作栽培技术，通过对现有不同作物的耕作栽培技术进行有针对性的改良，使之适应气候变化所带来的影响，并进行大范围推广应用。改进作物病虫害防治技术，在已有不同作物病虫害防治技术基础上，针对气候变化影响下病虫害新特点，进行防治技术适应性改良与创新。加快农业适应气候变化保险技术推广，重点发展政策性农业保险，扩大保险范围、种类，细化保险内容，完善保险模式。建立农业种植结构调整示范基地，总结并推广已有的成功农业种植结构调整技术，进一步研究气候变化影响下农业种植结构调整潜力，探索农业种植结构调整新模式。建立适应气候变化的农业专项基金，包括适应气候变化行动和相关科技工作的资金投入机制。

2. 中远期建议

进一步推进农田基本建设（水利、基础设施等）技术、作物抗逆（抗旱、耐涝、耐高温、抗病虫等）品种选育技术、作物应变耕作栽培技术、农业种植结构调整技术、作物病虫害防治技术、农业适应气候变化保险技术等关键适应技术研发。建立比较完备的农业适应气候变化的法规政策体系，形成多部门参与的决策协调机制和全社会广泛参与适应气候变化的行动机制。建立完善的农业适应资金筹集和管理体制，带动政府、企业、组织、个人等参与适应资金的建设。将农业适应气候变化与国家规划相结合，保证不因气候变化而产生新的贫困人口。

参考文献

Ajtay G. L., Ketner P., Duvigneaud P., "Terrestrial Primary Production and Phytomass", In: Bolin B., Degens E. T., Kempe S., *The Global Carbon Cycle*, Chichester: John Wiley and Sons, 1979.

Boavista, L. d. R., J. P. P. Trindade, G. E. Overbeck & S. C., "Müller. Effects of grazing regimes on the temporal dynamics of grassland communities," *Applied Vegetation Science*, 2019, 22: 326-335.

Ciais, P., P. Rayner, F. Chevallier, P. Bousquet, M. Logan, P. Peylin & M. Ramonet,

"Atmospheric Inversions for Estimating CO$_2$ Fluxes: Methods and Perspectives," In *Greenhouse Gas Inventories*, 2010, 69-92.

Fang, J., Z. Guo, S. Piao & A. Chen., "Terrestrial Vegetation Carbon Sinks in China, 1981 - 2000," *Science in China Series D: Earth Sciences*, 2007, 50: 1341-1350.

Franzluebbers, A. & J. Stuedemann, "Soil-profile Organic Carbon and Total Nitrogen during 12 Years of Pasture Management in the Southern Piedmont USA," *Agriculture, Ecosystems & Environment*, 2009, 129: 28-36.

Keenan, T. & C. Williams, "The Terrestrial Carbon Sink," *Annual Review of Environment and Resources*, 2018, 43: 219-43.

Mahadevan, P., S. C. Wofsy, D. M. Matross, X. Xiao, A. L. Dunn, J. C. Lin, C. Gerbig, J. W. Munger, V. Y. Chow & E. W. Gottlieb, "A Satellite-based Biosphere Parameterization for Net Ecosystem CO$_2$ Exchange: Vegetation Photosynthesis and Respiration Model (VPRM)," *Global Biogeochemical Cycles*, 2008, 22.

McSherry, M. E. & M. E. Ritchie, "Effects of Grazing on Grassland Soil Carbon: a Global Review," *Global Change Biology* 2013, 19: 1347-1357.

Piao S. L., FangJ. Y., Ciais P., "The Carbon Balance of Terrestrial Ecosystems in China," *Nature*, 2009, 458: 1009-I013.

Schuman, G., H. Janzen & J. Herrick, "Soil Carbon Dynamics and Potential Carbon Sequestration by Rangelands," *Environmental pollution*, 2002, 116: 391-396.

Wang, M., G. Han, M. Zhao, H. Chen, Z. Wang, X. Hao & T. Bo, "The Effects of Different Grazing Intensity on Soil Organic Carbon Content in Meadow Steppe," *Pratacultural Science*, 2007, 10: 6-10.

Wang, S., A. Wilkes, Z. Zhang, X. Chang, R. Lang, Y. Wang & H. Niu, "Management and Land Use Change Effects on Soil Carbon in Northern China's Grasslands: a Synthesis," *Agriculture, ecosystems & environment*, 2011, 142: 329-340.

Whitaker R. H., Likens G. E. Biosphere and man, In Lieth H., *Primary Productivity of the Biosphere*, New York: Dpringer-Verlag, 1975.

Yang Y. H., Fang J. Y., Ma W. H., el al., "Soil Carbon Stock and Its Changes in Northern China's Grasslands from 1980s to 2000s," *Global Change Biology*, 2010, 16 (11): 3036-3047.

方精云、杨元合、马文红、安尼瓦尔·买买提、沈海花:《中国草地生态系统碳库及其变化》,《中国科学C辑》2010年第7期。

郭鸿鹏、马成林、杨印生:《美国低碳农业实践之借鉴》,《环境保护》2011年第21期。

贺大州:《低碳农业发展的美国经验和对中国的启示》,《世界农业》2015年第6期。

侯向阳、丁勇:《内蒙古主要草原类型区保护建设技术固碳潜力研究》,科学出版社,2014。

贺山峰、押田敏雄、李雪华、蒋德明、曹成有：《翻耙补播对科尔沁碱化草地土壤理化性质和生物活性的影响》，《中国草地学报》2006年第4期。

李家永、袁小华：《红壤丘陵区不同土地利用方式下有机碳储量的比较研究》，《资源科学》2001年第5期。

李凌浩、陈佐忠：《草地生态系统碳循环及其对全球变化的响应：I 碳循环的分室模型、碳输入与贮存》，《植物学通报》1998年第2期。

李玉梅：《美国低碳农业发展及其对中国的借鉴》，《世界农业》2016年第1期。

李忠佩：《低丘红壤有机碳库的密度及变异》，《土壤》2004年第3期。

刘晨曦：《低碳经济视角下国内外现代农业发展模式与支撑体系的经验借鉴》，《中国市场》2017年第1期。

刘留辉、邢世和、高承芳：《土壤碳储量研究方法及其影响因素》，《武夷科学》2007年第1期。

刘星辰、杨振山：《从传统农业到低碳农业——国外相关政策分析及启示》，《中国生态农业学报》2012年第6期。

刘子刚、张坤民：《湿地生态系统碳储存功能及其价值研究》，《环境保护》2002年第9期。

潘根兴：《中国土壤有机碳和无机碳库量的研究》，《科技通报》1999年第5期。

舒畅、乔娟：《欧美低碳农业政策体系的发展以及对中国的启示》，《农村经济》2014年第3期。

苏永中、赵哈林：《土壤有机碳储量、影响因素及其环境效应的研究进展》，《中国沙漠》2002年第3期。

王绍强、刘纪远：《土壤碳蓄积量变化的影响因素研究现状》，《地球科学进展》2002年第4期。

王淑平、周广胜、吕育财：《中国东北样带（NECT）土壤碳、氮、磷的梯度分布及其与气候因子的关系》，《植物生态学报》2002年第5期。

王艳芬、陈佐忠、Tieszen L. T.：《人类活动对锡林郭勒地区主要草原土壤有机碳分布的影响》，《植物生态学报》1998年第6期。

许信旺：《不同尺度区域农田土壤有机碳分布与变化》，博士学位论文，南京农业大学，2008。

于贵瑞、万华车、伏玉玲、王秋凤：《区域尺度陆地生态系统碳收支及其循环过程研究进展》，《生态学报》2011年第19期。

赵娜：《锡林浩特市草地碳固持潜力及碳汇价值评估研究》，硕士学位论文，内蒙古大学，2013。

周广胜、王玉辉：《全球变化与气候-植被分类研究和展望》，《科学通报》1999年第24期。

朱丽娟、刘青：《气候变化背景下美国发展低碳农业的经验借鉴》，《世界农业》2012年第8期。

第四章 低碳发展案例

摘 要

国家碳达峰碳中和战略和农业农村减排固碳实施方案为我国农业农村低碳发展指明了方向,为建立农业农村减排固碳与粮食安全、乡村振兴、农业农村现代化统筹融合的格局,农业生产、农村发展的主体都在积极开展尝试,努力探索农业农村低碳发展路径。

本章通过实践案例剖析,分别介绍了以下几个方面。

第一,全球环境基金(GEF)"气候智慧型主要粮食作物生产项目"在安徽省蚌埠市怀远县和河南省平顶山市叶县开展气候智慧型农业示范,通过生产系统优化与技术改进,重点开展精准配方平衡施肥和机械化高效施肥、精准施药技术与统防统治、农田平整与优化灌溉、保护性耕作配套栽培、农林综合固碳技术5项关键技术应用示范,提高化肥、农药、灌溉水等投入品的利用效率和农机作业效率,推进节水、节肥、节药、节地、节能,减少作物系统碳排放,增加土壤碳储量,项目区温室气体排放减少15%~25%、固碳量增加12%~17%、作物单产增加5%~10%、农田平均净收入增加12%。

第二,浙江丽水"碳中和茶叶",通过茶叶种植、加工、储存、运输、销售和消费全生命周期的碳排放核算,确定茶叶碳足迹。采用提高土壤碳汇、减少投入品路径、提高能源利用效率等减排固碳手段,引入碳抵消措施,实现茶叶碳中和。

第三,河北安平"京安生物质能替代模式",通过利用畜禽粪便和农作物秸秆等农牧业废弃物，以发酵制沼气，沼气发电、生物天然气提纯、生物质能热电联产、沼渣沼液制生物有机肥等项目的实施形成了全产业链的可再生资源循环利用产业，形成了完整的近零碳利用"气、电、热、肥"联产种养循环的"京安模式"。

第四，在国家重点研发计划"区域草地生态产业与可持续管理模式研发与示范"项目的资助下，在内蒙古自治区四子王旗开展草地碳交易示范。通过成本和收益核算，揭示了在当前碳价下，草地碳交易项目难以取得良好收益。成本高于利润是草地碳交易的最大障碍，在当前碳价水平下，退化草地参与碳交易几乎不可能获得利润，这部分解释了中国碳市场中草地碳交易的缺乏，也提出草地碳交易不应作为一个纯粹的商业项目来对待，考虑到大规模组织和专业知识的缺乏，公私合作网络是一种可持续的手段，可以让地方政府、专家组、民营企业和草原所有者共同参与，完成草地的碳交易过程。

一 气候智慧型农业固碳减排模式

（一）案例实施的背景和地点

农业生态系统是全球最大的碳库，但农业在生产过程中也伴随着大量温室气体的排放。研究表明，农业是 CO_2、CH_4 和 N_2O 的主要排放源，占全球人为温室气体净排放总量的 11.6%。中国是农业和人口大国，随着国民经济的快速发展和人口的持续增加，温室气体（以二氧化碳当量计）绝对增长量超过世界其他国家，中国已成为世界温室气体排放大国。为协调农业生产，在保证国家粮食安全的同时进行农业温室气体减排，减缓气候变化，原农业部在 2015 年通过世界银行向全球环境基金（GEF）申请了"气候智慧型主要粮食作物生产项目"（以下简称"项目"）。项目以提高粮食作物生产的灾害适应能力与生产力、推进农田生产节能减排与提升土壤固碳能力为核心目标，围绕水稻、小麦、玉米三大粮食作物生产系统，在稳定或者提高作物产量的基础上，提高化肥、农药、灌溉水等投入品的利用效率和农机作业效率，减少作物系统碳排放，增加农田土壤碳储量；项目执行期为 2015~2020 年，建设地点为安徽省蚌埠市怀远县万福镇和兰桥乡的 12 个行政村以及河南省平顶山市叶县龙泉乡与叶邑镇的 28 个行政村。经过5年的实施，项目区在提高粮食产量和农田固碳减排方面取得了显著的成效。

（二）案例开展的工作和采取的技术措施

1. 技术示范与应用

项目区现状调查与基线分析显示，项目区作物生产普遍存在化肥、农药、灌水用量过多，施用技术和时期不科学，秸秆还田面积小、还田技术不合理、配套农机具作业效率低等问题，这不仅导致农业投入品严重浪费，造成环境污染，而且直接和间接提高了农田温室气体的排放量，难以发挥农田土壤的固碳能力。因此，通过以下技术实施示范，以期达到显著减少农田排放和提高土壤有机碳含量的目标（见表4-1）。

表4-1 项目区实施的主要农田固碳减排技术

序号	实施技术	实施内容
1	化肥减量施用节能减排技术	1. 测土配方施肥及有机肥示范推广 2. 机械化高效施肥技术示范推广
2	农药减量施用技术	1. 高效新型喷药机械的示范应用 2. 统防统治服务
3	优化灌溉技术示范应用	1. 水稻优化灌溉技术示范 2. 小麦优化灌溉技术示范
4	秸秆还田技术示范应用	1. 还田机械示范 2. 秸秆还田应用 3. 保护性耕作技术应用示范
5	农林结合固碳技术	1. 农田林网建设 2. 种植技术指导 3. 林网日常维护
6	农田固碳减排新材料的筛选与示范	1. 生物炭筛选与示范 2. 减排材料筛选与示范
7	农田固碳减排新模式筛选与示范	1. 稻田复合种植模式应用示范 2. 稻田复合种植模式筛选与示范 3. 旱地复合种植模式筛选与示范
8	保护性耕作的配套栽培技术	1. 稻麦保护性耕作高产配套栽培技术 2. 玉米秸秆还田免耕播种与保水技术
9	综合防治新技术与新设备筛选与示范	1. 新农药、新技术应用示范 2. 新型植保机械应用示范

2. 监测

（1）项目边界的监测

项目边界的确定分为事前项目边界确定和事后项目边界确定。事前确定的项目边界主要是项目地合格性的认证、项目设计以及对面积、基线碳储量变化、项目碳储量变化、排放增加、泄漏等的估算。项目活动的实际边界可能不完全与事前边界吻合，并可能在项目实施过程中发生变化。因此事前项目边界的确定与事后项目边界的监测可在不同的精度下进行。

基于成本、实际需要以及我国的实际情况，事前项目边界可通过以下几种方式确定：用 GPS 直接测定项目地块边界的拐点坐标；利用高分辨率的地理空间数据（卫星影像、航片等）以及土地利用/覆盖图、森林分布图、林相图等读取项目边界；利用地形图（比例尺≥1：10000）进行对坡勾绘；县或乡镇级农业区划。

本项目中的两个项目点边界分别为：项目点一为安徽蚌埠市怀远县示范区，包括万福镇和兰桥乡下属的 12 个行政村，示范面积 3333 公顷，种植模式为水稻小麦轮作；项目点二为河南省平顶山市叶县龙泉乡与叶邑镇，包括龙泉乡铁张、大何庄、冢张等 21 个行政村，以及叶邑镇同心寨、蔡庄、大王庄等 7 个行政村，种植模式为小麦玉米轮作，示范面积 3329 公顷。

（2）抽样设计和分层

碳汇项目边界内的碳储量及其变化往往因气候、土地利用方式、作物种类、土壤和立地条件的变异而呈现较大的空间变异性。为满足一定的精度要求并遵循成本有效性的原则，在计量和监测基线情景和项目情景的碳储量变化时，需对项目区进行分层。通过分层，把项目区合理划分成若干个相对均一的同质单元（层），分别估计、测定和监测各层基线碳储量的变化和项目碳储量的变化。由于每一层内部相对均一，因此能以较低的抽样测定强度达到所需的精度，从总体上降低测定和监测成本。分层的过程不受项目地块大小及其空间分布的影响。成片的大块土地或若干分散的小块土地都可看作一个总体，用同样的方法对其进行分层。

分层可分为事前分层和事后分层。事前分层需在项目开始前或项目设计阶段完成，目的是对基线碳储量变化和项目碳储量变化进行计量和预估。事后分层是在项目开始后进行的，目的是对项目的碳储量变化进行测定和监测。

温室气体监测点布设。选择有代表性的项目地块作为技术基准线地，另设无氮肥参照块进行对比，基准线和无氮肥参考地各设置3~4个，以消除测定过程中的采样误差（见图4-1）。根据经费和监测条件，本项目中可只进行1~2年的观测，然后基于观测的数据对IPCC推荐的模型方法进行验证，并选择利用DNDC模型对区域尺度实施的减排量进行估算。

图4-1 小麦季和水稻季温室气体监测

土壤有机碳储量变化的监测采用田间取样直接分析法。根据收集的资料，依据土壤类型、地理位置、管理水平差异等将区域分成几块（层），每块作为一个监测单元，再在每个监测单元内随机布点，记录经纬度，通过计算项目实施前后两次碳储量的差值，便可得到有机碳储量变化量。

林木碳汇监测分为三步：第一步选择样地，可采取随机抽样调查方法，设置临时调查样地（样地面积900m²），样地数量取决于每层内散生木的变异性，但每个碳层应不少于3个样地；第二步测定样地内所有活立木的平均胸径（DBH）、平均树高（H）和株数；第三步利用生物量方程$f_{AB,j}$（DBH，H）计算每株林木地上的生物量，通过地下生物量和地上生物量的比例关系（R_j）计算整株林木生物量，再累积到样地水平生物量和碳储量。

（三）案例取得的主要成果

根据项目设计和实施，2016~2019年项目区温室气体减排量、固碳量如图4-2和图4-3所示。2016年以来河南叶县和安徽怀远两个项目区累积固碳减排量呈不断上升趋势，累积固碳减排量从2016年的8535t CO_2e 增至

2019 年的 129347t CO_2e，年均增长率为 97%。2016~2019 年，每年减排量的变化波动不大，两个项目区累积减排量在 29782t CO_2e。总体上，固碳量在河南叶县和安徽怀远县两个项目区均为累积固碳减排量的主要贡献源，约占固碳减排量的 64.7%，且年增长量明显。说明项目区减排固碳潜力巨大，通过项目的实施能够取得理想的固碳效果。

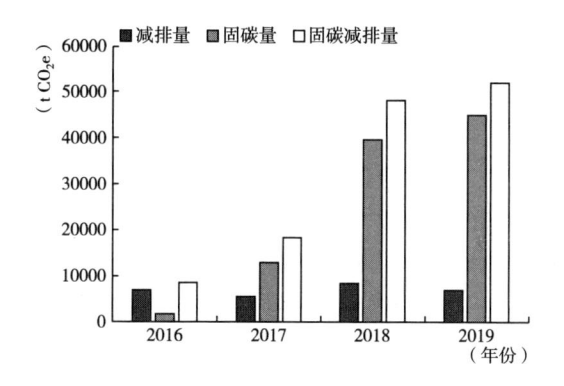

图 4-2　2016~2019 年项目区温室气体减排量和固碳量

图 4-3　2016~2019 年河南叶县和安徽怀远项目区固碳减排量

项目实施取得了良好的减排效果。2016~2019 年，两个项目区累积减排达到 29782t CO_2e，叶县项目区减排 11305t CO_2e，怀远项目区减排 18477t CO_2e。项目区 N_2O 和 CH_4 排放总量均小于非项目区的排放总量。叶县项目区 N_2O 减排 11305t CO_2e，降低了 39.8%。怀远项目区 N_2O 和 CH_4 分别减排 15.8% 和 31.6%，减排量分别为 8659t CO_2e 和 9818t CO_2e。

项目实施取得了良好的固碳效果。2016~2019年，项目区累积固碳量为99565t CO_2e。其中，叶县项目区总固碳量为49573t CO_2e，土壤和林木固碳分别为45497t CO_2e和4076t CO_2e。怀远项目区总固碳量为49992t CO_2e，土壤和林木固碳分别为45985t CO_2e和4007t CO_2e。

通过项目的实施，开展作物生产减排增碳的关键技术集成与示范，提高化肥、农药、灌溉水等投入品的利用效率和农机作业效率，增加农田土壤碳储量。安徽怀远项目区年均减肥量达92.69t，减药量达3518.50kg。河南叶县项目区年均减肥量达52.78t，减药量达991.57kg。到2020年，项目区的秸秆还田率达到100%，两地农田造林林木增加了40000余棵；通过项目实施，河南叶县和安徽怀远项目区土壤有机质含量分别提高了13.62%和14.79%。叶县项目区土壤有机质含量年均增长率为3.3%，怀远项目区为3.5%。

（四）案例总结

项目通过技术示范与应用、政策创新和知识分享，不仅取得了显著社会环境效益，也积累了经验与智慧。

1. 项目取得显著成效

将气候智慧型农业固碳减排理念融入生产全过程，从项目总结中可以看出，围绕"水稻—小麦"和"玉米—小麦"生产模式，通过生产系统优化与技术改进，重点开展精准配方平衡施肥和机械化高效施肥、精准施药技术与统防统治、农田平整与优化灌溉、保护性耕作配套栽培、农林综合固碳技术5项关键技术应用示范，提高化肥、农药、灌溉水等投入品的利用效率和农机作业效率，推进节水、节肥、节药、节地、节能，减少作物系统碳排放，增加土壤碳储量，项目区温室气体排放减少15%~25%，固碳量增加12%~17%，作物单产增加5%~10%，农田平均净收入增加12%。项目在确保粮食产量以及农民收入的前提下，全面实现了温室气体减排和土壤固碳、稳产增产、提质增收的综合目标，同时提高了化肥、农药、灌溉水等投入品的利用效率和农机作业效率，验证了我国粮食主产区发展气候智慧型农业的可行性。

2. 项目发展前景

中国要在2060年前实现碳中和目标，农业部门面临复杂的挑战和难得的机遇，发展气候智慧型农业将是可行路径，值得进一步关注。一方面，碳中和利好环境和生态,借此可促进农业节能减排、增加农田土壤碳汇能力,推动农业产业结构转型升级和可持续发展;另一方面,中国肩负着14亿人民的发展和需求,需要兼顾发展和环境,处理好农业绿色发展与生态环境保护、农民增收的关系,这是一项艰巨挑战。气候智慧型农业在解决中国农业碳排放问题、开展农业活动碳排放核算、增加绿色优质农产品供给、降低资源环境利用强度、促进农民就业增收等方面,有现实的需求和广阔的发展前景,值得进一步关注。

3. 项目推广发展建议

气候智慧型农业概念产生时间不长,如何在理论层面首先找到"固碳、减排、稳粮、增收"的最优点,是需要共同探讨解决的问题。不同国家和地区,甚至是同一国家内,气候类型和农业情况千差万别,气候智慧型农业技术体系一定是因时制宜、因地而宜的。要加大气候智慧型新技术新产品的试验推广,出台气候智慧型农业相关标准,进一步提升有关技术的实用性和可操作性,使其更加符合农民需求,确保让农民看到效果、见到效益。建议农业农村部设立气候智慧型农业重点技术推广项目,打造一批气候智慧型农业示范基地,优先在粮食主产区开展更大规模的示范应用,形成一批有区域特色的技术集成模式和示范样板。

二 茶叶碳中和路径探索案例

(一) 案例实施的背景与地点

气候相关灾害对茶叶产量与品质都会造成巨大威胁,通过增强茶园适应能力,可以有效降低茶园现阶段的脆弱性以及未来可能面临的灾害风险。在提升茶园适应气候变化能力的同时,应充分考虑茶叶生产低碳技术的实施。本报告将茶叶生产适应气候变化与减缓温室气体排放协同考虑,提出了实现碳中和茶叶生产的有效途径,这是本案例的亮点。该途径包含以下步骤:首先,为了最大化有效利用气候资源,针对气候变化所带来的有利与不利两方面的影响,采取合理的适应措施,使茶树种植生长与变化了的气候条件相协调;然后,在茶园适应气候变化的基础上,针对茶叶种植、加工、运输、储存、包装、销售等各个环节,采取有效的低碳技术,降低温室气体排放,增加碳汇,促进自然资源与生产投入品的最大化利用;最后，针对无法通过低碳措施完全消除的温室气体排放，采取补偿措施进行抵消，实现茶叶生产的碳中和目标。

松阳茶场的特点是茶业生产与养猪相结合的循环农业模式，养猪可以为茶业生产提供有机肥，茶业生产可以为养猪提供饲料。试点茶园的基本信息汇总在表4-2中。

表4-2 试点茶园基本信息

试点农场基本信息	指标
茶园位置	松阳
茶园面积	300亩
总产量	27吨
农场工作人员	15人
农业设备	27台茶叶加工机

茶园中有些品种的茶叶一年可采收2~3次，但茶农为保证茶叶品质有的品种一年只采收一次。根据实地调查和观察，在茶树发芽前一个月左右，茶农为休眠的茶树施肥。茶叶栽培过程中最关键的时期是3月初到5月初，茶农通常在春季采摘后进行茶树的修剪，根据每个茶树品种的生长情况，修剪程度各不相同。第二次施肥处理时间为仲夏至晚秋，为茶树提供最佳营养。一般来说，茶树的休眠期在11月中旬左右开始（见表4-3）。

表4-3 茶园引种灌溉信息

茶园名称	品种	采摘开始时间	采摘结束时间	采摘频率	灌溉方式	灌溉频率
松阳雪峰云尖茶园	乌牛早	2月中旬	9月	2次，主要在春季和夏季	降雨和喷雾	根据降雨的季节分布和茶叶生长的需要，确定灌溉频率和灌溉量
	龙井43	3月初				

（二）案例采取的措施

1. 茶叶生产采用的适应措施

随着气候变化的影响日趋明显，茶叶生产实践一直在不断调整技术措施，以适应变化了的气候条件。通过与案例茶园及当地茶农的深入交流，本报告进一步梳理了茶叶生产过程中的加工、运输、储存、销售等环节的适应气候变化措施，覆盖了茶叶生产的整个价值链条（见表4-4）。

表4-4　松阳雪峰云尖茶园适应措施

	适应措施
品种选育	松阳雪峰云尖茶园主要种植了乌牛早、白茶、龙井3个茶树品种，不同的茶树品种出芽时间各不相同，因此茶叶采摘的时间可以彼此错开，有效降低了气候相关灾害的侵袭
灌溉措施	整个茶园基本农田水利设施配套齐全，并采用了喷灌、滴灌系统（见图4-4），可以有效抵御干旱灾害胁迫
病虫害防治	茶园中大量布置了昆虫诱饵板和太阳能杀虫灯（见图4-5）；通过生物多样性保护、栽培管理以及利用害虫天敌等自然生态方法，防御病虫害；病虫害发生时，及时对受害茶树进行修剪
加工	在传统茶叶加工过程中，鲜茶叶的晾晒需要充足的阳光和适当的风，使部分水分从鲜茶叶中蒸发出去，为下一步加工做好准备。随着气候变化，近年来松阳地区春季连续多雨的天气有增多趋势，导致茶叶晾晒受到阻碍，一定程度上影响了茶叶的品质，因此近年来当地普遍采用旋转机械进行直接烘干，以适应气候变化带来的影响
运输	对于茶叶产品的运输销售，茶园采用了铁路、公路、航运、航空等多种运输方式，从而降低气候变化影响下暴雨、洪水、霜冻等灾害加剧的风险；采用精确、智能的网络管理系统也是茶园保障交通的重要适应措施
储存	茶园建设了冷库用于茶叶的存储，保障茶叶的品质，避免在自然环境下受到气候波动所导致的潮湿、高温、病菌滋生等方面的影响

图4-4　茶园内的喷灌与滴灌设施

图 4-5　茶园内的诱饵板与太阳能杀虫灯

2. 茶叶低碳生产的减排措施

茶叶种植、加工、储存、运输、销售和消费等各个环节都会产生温室气体排放。采取以下三个方面的固碳减排措施可以实现低碳茶叶生产：增加有机碳储存，提高碳汇能力；减少投入品使用，改善茶园生态环境；提高能源利用效率。

（1）增加有机碳储存，提高碳汇能力

土壤有机碳（SOC）是碳在大气外长期储存的有效途径。茶树生长过程中也储存大量的碳。农民可以采取以下措施（见表4-5）增加土壤碳储存量，提高茶园碳汇功能。

表 4-5　减排增汇固碳措施

策略	措施	效果
使用有机肥	1. 施用农家肥 2. 施用堆肥、绿肥、菜籽饼等有机肥 3. 套种和覆盖 4. 修剪后的枯枝落叶还田 5. 施用生物炭	替代化学肥料，提高养分输入

续表

策略	措施	效果
防止土壤侵蚀	1. 在茶园和山区之间修建隔离沟渠 2. 在陡坡修建梯田 3. 等高耕种	防止片沟侵蚀，减少氮素流失
增加茶树生物量	1. 引进适应全球变化和极端气候事件的新品种 2. 在变暖的地区选择发芽早的茶树品种 3. 选择耐旱、耐高温、耐低温、营养利用率高的茶树品种 4. 选择抗旱、抗热、抗虫、抗病的茶树品种 5. 应用免疫诱导产物，如芸苔甾体，在高温和干燥条件下促进光合成	有利于土壤碳的累积和茶树碳的固定

（2）减少投入品使用，改善茶园生态环境

茶农可以根据实践调整养分管理方式，从而减少茶叶种植过程中的温室气体排放，调整方式包括减少氮肥、测土配方施肥、精准施肥、使用缓释肥料或硝化抑制剂，以及根据茶树对养分吸收利用的规律调整施肥的时间。表4-6列出了可以采取的减排措施。

表4-6　减少温室气体排放的措施及效果

策略	措施	效果
减少氮肥用量	测土配方施肥	减少环境污染
优化肥料管理	1. 优化施肥时间、施肥量、施肥地点和肥料类型 2. 平衡施用N、P、K养分 3. 平衡施用有机肥和化肥	提高养分利用效率，降低N_2O排放
使用新型肥料	1. 缓控释包衣尿素 2. 硝化抑制剂	提高茶叶产量和养分利用效率，降低氮素的损失

（3）提高能源利用效率

茶农和其他农业企业在汽车和农用机械中使用汽油或柴油时会排放大量的二氧化碳。因此，需要改善和优化茶叶加工环节的能源结构，提高运输环节能源效率，减少温室气体排放和空气污染。鼓励和提倡绿色消费，减少过度包装造成的二氧化碳排放。目前，随着消费观念的转变和文化素质的提升，我国茶叶消费者开始更多地关注茶叶的品质，拒绝奢侈包装。表4-7总结了提高能源利用效率的措施及效果。

表 4-7 提高能源利用效率的措施及效果

策略	措施	效果
改善和优化茶叶加工环节的能源结构	1. 减少木材和颗粒燃料的使用 2. 增加太阳能和风能发电的使用 3. 增加天然气的使用 4. 改进存储区的设计，使用太阳能照明系统	减少污染，便于运输
提高茶叶运输环节能源效率	1. 减少汽车和卡车的运输 2. 建立茶叶运输专线 3. 用生物燃料代替化石燃料 4. 在其土地上安装风力涡轮机或太阳能电池板	减少茶叶运输过程中的温室气体排放
倡导绿色包装和绿色消费	1. 环境友好型茶叶包袋 2. 绿色、低碳茶叶包装	减少资源浪费和废品处理

（三）案例取得的主要成果

1. 试点茶园的温室气体净排放量

松阳试点茶园的全生命周期温室气体净排放量为 504.83t CO_2e。相应地，温室气体净排放强度为 7.75kg CO_2e/kg（如图4-6所示）。如果考虑消费，"从摇篮到坟墓"的温室气体净排放量增加到 18.70kg CO_2e/kg。在需求方面实现茶叶生产的碳中和有很大的潜力。

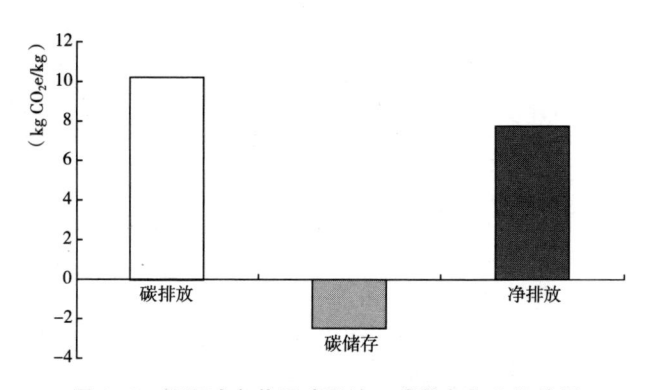

图 4-6 松阳试点茶园碳排放、碳储存和净排放量

2. 试点茶园的抵消措施

如果仅考虑"从种植到零售"阶段，超过一半的排放来自茶叶加工（见图4-7）。因此，碳减排潜力是提高能源使用效率，或利用太阳能、水和风能等清洁能源来代替生物质燃料，然后减少颗粒材料的消耗。除了茶园内的低碳措施，重新造林/植树造林、使用可再生能源以及采用经认证的碳信用额等可以作为碳排放的抵消措施。松阳的茶园所有者经营着一个小型水电站，未来升级水电站可以抵消松阳的大部分温室气体排放。除了上述抵消措施，治理和营销机制的创新也可能是代用抵消措施，例如，丽水是中国生态一市，森林覆盖率超过80%，优惠政策可以分享碳汇，促进茶叶生产的碳中和实践，绿色融资机制可以引入试点茶园。

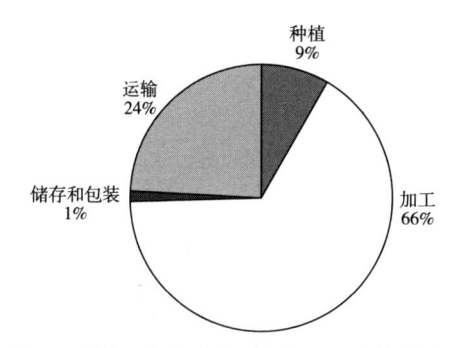

图4-7 试点茶园不同生产阶段的碳排放百分比

（四）案例总结

中国茶叶生产受气候变化影响巨大，主要表现为茶叶适宜种植区的变化，南部适宜种植区减少、北部增加，茶叶种植的边界北扩。以高温热浪、寒害和干旱为主的极端气候事件将进一步增加并产生一系列生态后果，如病虫害大爆发、土壤退化、生物多样性丧失等。未来气候变化的一个显著特征是低温灾害将进一步加剧。

面临气候变化的严重挑战，中国茶叶生产的脆弱性主要体现在以下几个方面：小型茶园生物多样性低；土壤流失严重；滥用化学品；缺乏应对农业气象灾害的基础设施；价值链管理粗放；早期预警系统薄弱；没有完善的保险机制。

为应对气候变化，当前茶叶生产过程中已采取了多种适应措施，包括培育应对不同胁迫（如低温、高温、干旱及虫害等）的抗性品种；采取适当的灌溉、施肥、采摘、农业造林和遮阴等常规手段改善茶园生态环境，提高应对灾害的能力；采取黄盘诱捕与生物技术相结合的病虫害防治措施；在灾害早期预警与商业灾害保险方面还有待进一步增强。

在低碳茶叶生产方面已有较大成效。低碳茶叶生产可以在茶产业价值链初始端实现对大气 CO_2 的固定或减少温室气体排放。例如，使用有机堆肥不仅有利于防止土壤流失，还能增加土壤有机质含量；提高和优化茶叶加工、储存及运输环节的能耗，有助于减少温室气体排放；提倡绿色消费有助于减少茶叶包装环节的碳足迹。

基于PAS2050，首次在试点茶园采用生命周期分析法核算茶产业从生产端到消费端全链条的温室气体排放水平。这项核算工作最重要的步骤是以结构化问卷的形式收集活动水平数据。然后通过抽样调查法估算茶树生物量碳汇，并通过土壤和生物量抽样对土壤有机碳含量进行调查估算。最后通过文献综述和IPCC指南收集排放因子的二级数据，通过与茶农的访谈获取当地采用的适应和低碳技术。

试点茶园从生产到销售的净温室气体排放强度测算结果为7.75kg CO_2e/kg，而消费端的净排放强度测算结果为10.95kg CO_2e/kg。这一结果表明，从生产端到消费端的净排放强度至少为18.70kg CO_2e/kg，在茶价值链需求侧采取措施实现碳中和的潜力巨大。

三 零碳利用的京安生物质能替代模式

（一）案例实施的背景和地点

项目点位于河北省安平县，该县是农业种植和生猪养殖大县，耕地面积3.31万公顷，年出栏生猪82万头，年产秸秆总量15万吨、畜禽粪污102万吨。项目由坐落于西两洼乡的河北京安生物能源科技股份有限公司（以下简称"京安公司"）承担运营，示范村为安平县西两洼乡小辛庄村和杨屯村。京安公司以先进的农牧业废弃物资源化利用技术为依托，通过利用畜禽粪便和农作物秸秆等农牧业废弃物，以发酵制沼气、沼气发电、生物天然气提纯、生物质能热电联产、沼渣沼液制生物有机肥等项目的实施形成了全产业链的可再生资源循环利用产业，形成了完整的近零碳利用"气、电、热、肥"联产种养循环的"生物质能替代"模式。

示范村距离项目约3km，通过零碳村镇建设，将提纯后的生物天然气并入示范村燃气管网进行生物天然气集中供气，为示范村居民生产生活提供清洁用能，有效解决了示范村采暖炊事用能煤炭及液化石油气等化石能源替代问题，实现农村清洁取暖用能。沼气发电产生的沼渣沼液通过管道输送到园区有机肥厂进行固液分离，固体（沼渣）输送到固体车间发酵加工，液体（沼液）输送到液体肥料车间配比加工，生产固体和液体有机肥。

（二）案例开展的工作和采取的技术措施

该案例将养殖、沼气、生物天然气、绿色电能、沼渣沼液和种植技术进行优化组合，形成了可复制可推广的先进技术模式和先进赢利模式。沼气生产过程采用了粪肥腐熟发酵，减少了甲烷等温室气体的直接排放，粪污通过密封管道输送到沼气池、沼渣沼液通过管道输送到有机肥厂，避免了对空气气味的污染；沼肥中包含了农作物所需的丰富的氮、磷、钾和腐质酸、微量元素等多种营养成分，可用于农林种植，培肥地力，改良土壤结构，增加土壤的有机质含量，也可用于绿色生态产品的生产，有利于促进农作物增产，提高农作物品质（见图4-8和图4-9）。

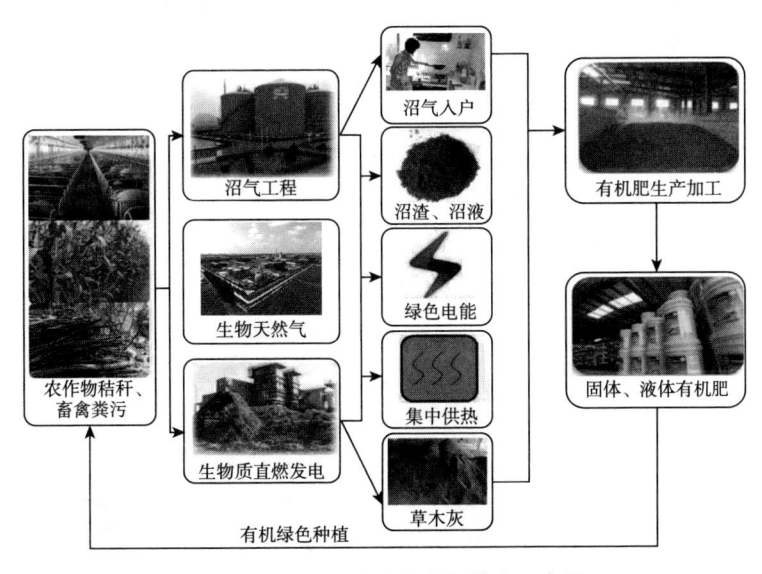

图4-8 "生物质能替代"模式示意图

图 4-9　"京安生物质能替代模式"生态化产业集群

1. 2 兆瓦沼气发电项目

该模式建有 2 兆瓦沼气发电并网项目，建设有粪污预处理系统、CSTR 中温厌氧发酵罐 4 套、脱硫系统、双膜储气柜、德国进口 1 兆瓦发电机组 2 套。项目利用畜禽粪污及农作物秸秆等农牧废弃物为原料，年利用畜禽粪污 30 万吨，发电并网 1512 万千瓦时。

2. 生物天然气提纯项目

该项目建设厌氧发酵罐 6 座，共 3 万立方米，通过利用畜禽粪污和秸秆进行混合厌氧发酵，生产沼气并提纯成生物天然气，可实现秸秆和畜禽粪污综合治理，年提纯生物天然气 636 万立方米，每年可处理粪污 10 万吨，秸秆 7 万吨，通过当地燃气微管网，供应周边 13757 户居民炊事取暖和工商业户用气。

3. 生物质热电联产项目

以废弃秸秆、废弃果树枝等为原料，通过生物质发电发热，建设规模 2×25 兆瓦生物质能发电机组和 2×25 兆瓦热电联产背压机组，年可发电并网 2.4 亿千瓦时，发电机余热用于县城居民集中供暖，供应面积为 260 万平方米，年消纳秸秆约 28 万吨，年替代标煤 10 万吨，可满足 2.5 万户居民冬季采暖，占全县城镇人口的 73%，碳减排量相当于新增 35 万公顷森林或减少26万辆汽车尾气排放。基本覆盖了安平县42万亩农作物秸秆，同时辐射深州、安国、深泽等周边7县的10万亩农作物秸秆。

4. 有机肥项目

沼气发电产生的沼渣沼液用于制作有机肥，生物质热电联产产生草木灰，应用有机肥厂生产生物有机肥，基本实现全县秸秆和畜禽粪污的全量化循环利用。利用沼气项目剩余沼渣沼液作为基质，制备多种配方有机肥料，根据不同季节、不同植物、不同生长期进行肥料调整，形成多元化、多用途功能肥料，年产生物有机肥固体肥5万吨、液体肥20万吨，可替代化肥约6万吨以上，为国家种养循环和绿色农业做出贡献。

5. 建立农业废弃物收储机制

通过与全县养殖场（户）签订粪污收购处理协议，探索建立了粪污收储运合作机制。粪污含水率低于92%的，以每吨50~80元收购；含水率在97%~92%之间的，免费收运；含水率高于97%的，养殖场（户）每吨需交纳20元粪污运输与处理费用。养殖户为了达到收购标准会从源头减少用水量，还能降低成本。带动5000户农民参与秸秆收集、加工、储存、运输、销售，全县秸秆综合利用率达98%以上。

（三）案例取得的主要成果

该模式实现年处理利用安平县40万头生猪的粪污以及农作物秸秆35万吨，年发电并网2.4亿千瓦时，提纯生物天然气636万立方米，供应13757户居民采暖和炊事清洁用气，满足2.5万户居民冬季采暖。年核定二氧化碳减排量36万吨。沼渣沼液年产固体生物有机肥和液体生物有机肥25万吨。沼肥应用于农田，安平县每年消纳10万吨，有效改善土壤结构，实现绿色种养循环农业。通过各类废弃物处理工程的建设，京安公司不但治理了企业自身产生的污染，而且着眼于治理县域及周边农业废弃物，创造了以县域农业废弃物一律不剩、外部能源一律不用、县域化肥使用一律不增为核心的"三个一律"发展模式。

通过零碳村镇项目实施，改变示范村的能源消费结构，全部替代化石能源，每年减少煤炭1506.2tce，减少液化石油气66.3tce，减少CO_2排放4172.1t；能源消费总量由1634.7tce降低至1092.5tce，节约能源542.2tce，整体能效提升33%；使可再生能源在能源消费结构中的占比由1.8%提升到

97.7%，提高了 95.9 个百分点，为实现零碳村镇奠定了坚实基础，并为中国其他农村地区提供了可复制的经验，为实现碳达峰碳中和起到样板作用，有助于实现煤炭等化石能源全替代。

（四）案例总结

京安生物质能替代模式先后建成粪污制沼、沼气发电、沼气提供生物天然气、秸秆发电、有机肥生产、污水处理等大型工程，打造"畜、沼、粮、热、电、水、肥"生态循环模式，年处理粪污 40 万吨、秸秆 35 万吨，年发电 2.4 亿千瓦时、生产生物天然气 636 万立方米，供应 2.5 万户居民冬季采暖，年产有机肥 25 万吨，可减排化学耗氧 2.58 万吨、氨氮 700 吨、二氧化碳 36 万吨，实现了种植、养殖、能源、环境的协同发展。

通过示范村零碳村镇项目建设，将提纯后的生物天然气并入示范村燃气管网进行生物天然气集中供气，为示范村居民生产生活提供清洁用能，全村实现低碳清洁能源供给，可再生清洁能源占比达 100%，推动低碳循环高效能源开发与利用，整体能效提升 33%，加快推进农村低碳转型、绿色发展和人居环境改善。

四　草地管理碳交易案例

（一）案例实施的背景和地点

全球碳汇交易以高碳密度的森林生态系统为主，而灌木、草地、农田等低碳密度生态系统（LCDE）的碳汇交易缺乏。为了推动草原低碳密度生态系统参与碳交易，中国碳交易管理部门发布了《可持续草地管理温室气体减排计量与监测方法学》。众所周知，恢复行动不能直接为草原所有者提供现金收入，因此草原恢复对私营投资者缺乏吸引力。内蒙古温带荒漠草原的植物覆盖率和 SOC 都比其他地区低。通过实施修复行动，可以有效增加碳汇，但由于在计算地上生物量碳储量时不包括一年生草本植物，只计算土壤碳汇，几乎所有草地修复行动的碳汇潜力都很低。只有种植灌木才能有较高的碳汇潜力，因为木本植物地上生物量和地下生物量对碳汇都有贡献。不同修复行动所对应的碳汇潜力汇总于表 4-8。

表 4-8 退化草地管理不同恢复行动的碳汇潜力

恢复措施	碳库	GHG 排放	碳汇潜力
围栏	土壤	—	
补植	土壤	—	低
施肥	土壤	N_2O	低
灌溉	土壤	—	低
覆盖	土壤	—	低
人工草地	土壤	—	低
种植灌木	土壤 地上生物量 地下生物量	—	高
草畜平衡	土壤	CH_4	低

(二) 案例开展的工作和采取的技术措施

1. 调查活动

(1) 数据收集和访谈

当地林业局提供了恢复项目文件和草原恢复的官方统计数据。灌木 (*Caragana*) 被种植为 DGR。2005~2013 年，在四子王旗的 946 个地块上种植了共 10467.73 公顷灌木。对牧民的访谈显示他们很难理解草地碳交易的概念，草原所有者把草原碳交易当成中央的另一项草原补贴政策。我们与地方政府官员进行了面对面的访谈，访谈内容包括草原现状、地方政府的作用、DGR 投资和碳交易知识。

(2) 实地抽查

野外抽样时间为 2018 年 7 月 1 日至 2018 年 7 月 28 日。野外抽样设计采用分组抽样的方式，使用 GPS、胶带和绳索、游标卡尺、记号笔等。从 946 个地块中随机抽取 169 个样方，约 20% 的地块（见图 4-10 和表 4-9）。样方尺寸为 20m×20m，每个样方的边界用宽大的红带界定。每个样方平均分为 9 个网格，样方的中心点坐标由 GPS 确定，经纬度记录在调查表中。植物样品数量为 3471 个，相当于样方内所有 17356 株灌木的 20%。调查表中记录了灌木的地径、冠幅、株高、分枝数，冠幅沿树冠的南北向和东西向分别测量。

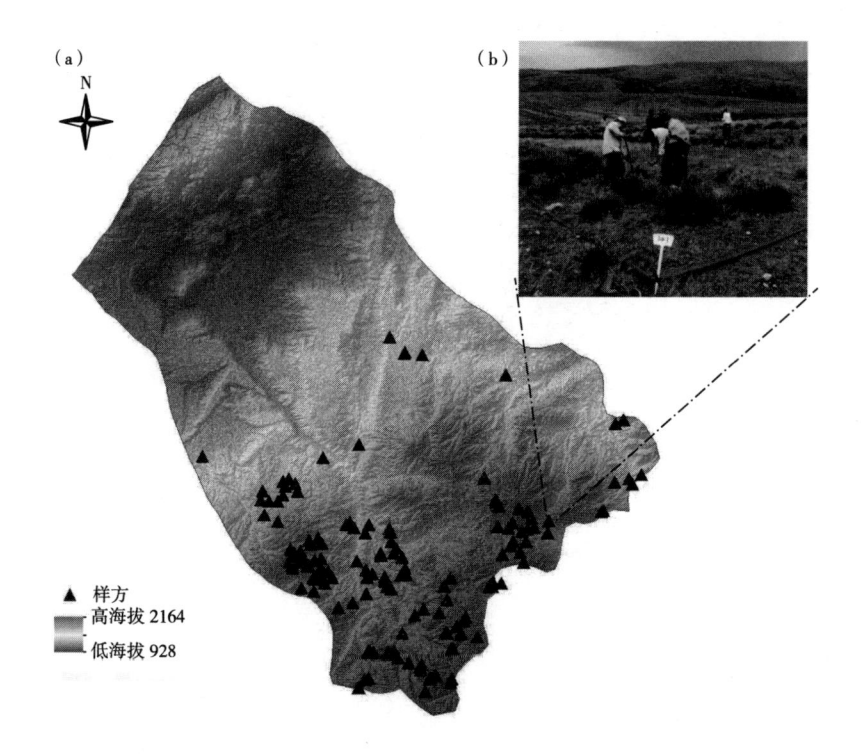

图 4-10　四子王旗 169 个样方、3471 个植物样品的分布情况

注：(a) 样方象限；(b) 野外采样过程，背景为 DEM，海拔高度在 928~2164 米之间。

表 4-9　2005~2013 年四子王旗灌木种植计划

种植年份	灌木类型	地块数量（个）	面积（公顷）
2005	柠条	727	5441.85
2006	柠条	190	2146.43
2007	柠条	8	603.80
2008	柠条	4	433.33
2009	柠条	1	166.66
2010	柠条	4	210.33
2012	柠条	2	273.33
2013	柠条	10	1192.00
合计		946	10467.73

注：2011 年未种植。

2. 碳汇核算

(1) 基线和碳库选择

由于过度放牧和气候变化,四子王旗的草地均处于严重退化状态,直接导致地上生物量的大量损失,从而减少了土壤中有机质和其他养分的输入。可以预见,土壤有机质、枯落物和枯死木的碳封存量将减少。灌木种植等修复行动从灌木生物量和 SOC 两方面增加了退化草地的碳固存量。灌木是以种子的形式种植的。在我们的核算基线中,灌木地上生物量和地下生物量的碳储量均为零,根据保守的原则,核算的碳汇不包括 SOC 增加量、枯落物和枯死木。

(2) 修复行动的固碳量

选取柠条的生长方程来估算生物量,具体如下。

$$AB_k = -0.691 + 0.429 \times AC_k + 0.194 \times N_k$$

$$UB_k = -2.484 + 0.467 \times AC_k + 0.237 \times N_k$$

其中,AB_k 为地上生物量;UB_k 为地下生物量;AC_k 为树冠面积;N_k 为柠条的分枝数。

单一植物的固碳量如下:

$$C_{Caraganan,k} = (AB_k + UB_k) \times CF \times \frac{44}{12}$$

其中,$C_{Caraganan,k}$ 为柠条 k 的碳封存量;CF 为碳含量率,即 0.47;44/12 为碳与 CO_2 的转换系数。

四子王旗种植灌木的总固碳量如下:

$$C_{total} = \frac{\sum_{p=1}^{i} \dfrac{C_{Caraganan,k,i} \times n_i}{A_i}}{p} \times A_{total}$$

其中,C_{total} 为四子王旗种植灌木的固碳总量;n_i 为第 i 象限的灌木数量;A_i 为第 i 样方的面积,单位为公顷;p 为样方数量,A_{total} 为四子王旗工程的面积,单位为公顷。

(3) 碳汇核算

四子王旗的碳汇由下式给出:

$$C_{sink} = C_{total} - C_{baseline}$$

其中，C_{sink} 为四子王旗的碳汇；C_{total} 为四子王旗的碳储量；$C_{baseline}$ 为四子王旗的碳汇基线，本研究为零。

3. 投入产出权衡分析

碳交易的收益与 DGR 的成本之间存在权衡。碳交易的总收益可以用指标 B_c 来描述，即 DGR 碳汇与 CCER 价格的乘积：

$$B_c = C_{sink} \times P_c$$

按照上述收益类比，我们提出碳交易的成本包括造林成本、管理成本、机会成本和交易成本。造林成本来自中央政府投资。四子王旗政府制定年度造林计划，公布造林规模和预算。管理费用由当地林业局承担，机会成本取决于可能的土地用途，交易成本包括监测、咨询、审定和核实、交易等费用。所有数据均来自四子王旗的示范项目。为保证所获资料的高质量，所有数据均由作者亲自记录。

$$C_c = C_{afforestation} + C_{management} + C_{opportunity} + C_{transaction}$$

其中，C_c 为碳交易的总成本；$C_{afforestation}$ 为造林成本；$C_{management}$ 为维护和管理成本；$C_{opportunity}$ 为草原可能的使用成本；$C_{transaction}$ 为碳交易的监测、咨询、验证和核查、交易等费用。

4. 社会网络分析

利用社会网络分析（SNA）来分析 DGR 碳交易中利益相关者的作用。SNA 可以描述一个复杂项目中的行为者，涉及网络可视化和相应的定量分析。过程网络图工具的应用包括两个阶段：社会网络可视化和对每个行动者的重要性进行评级。第一阶段即创建 Net-Map，对项目过程中的角色进行解释，草地碳交易示范确定了七种角色：草原所有者（牧民）、项目组织者（地方政府）、资金（中央政府投入的资金）、顾问（知识的贡献）、第三方（审定和核证）、交易平台（环境交易所）和买方（需要碳汇的有减排义务的高排放企业）。第二阶段是对每个行为者的重要性进行排序，目的是对每个行为者在最终实现灌木碳交易中的重要性进行评分。

（三）案例取得的主要成果

1. 碳交易成本与收益

（1）灌木的碳汇

2005~2013年，四子王旗共造灌木10467.73公顷，其中，2005年造林面积最大的为5441.85公顷，2009年造林面积最小，只有166.66公顷。2005~2018年，柠条的总固碳量为276563.20t CO_2e，相当于平均灌木固碳量为1.89t CO_2e/hm^2（见图4-11）。

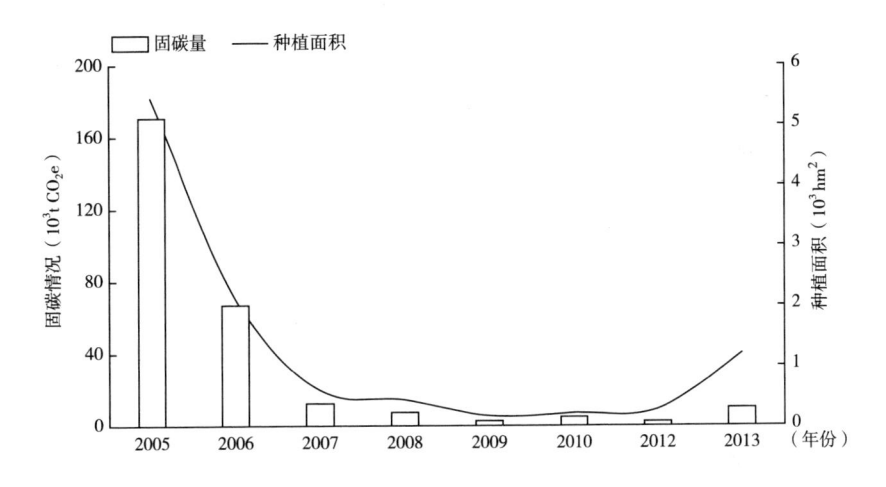

图4-11 四子王旗种植面积及固碳情况

注：固碳量为种植当年到2018年实地抽查时的总固碳量。

（2）造林、管理和机会成本

根据四子王旗政府制定的年度造林计划，造林成本最高的是2005年的8162775元，其次是2006年的3219645元。造林成本最低的是2009年的249990元（见图4-12）。造林费用全部由中央政府投资。地方政府没有专门的预算用于灌木管理，因此只是让灌木保持在接近自然的状态。管理和维护成本被算作零。机会成本也为零，因为如果不采取恢复行动，退化的荒漠草原很难用于其他目的。

（3）交易费用

表4-10列出了示范项目开发中已经发生的和必要的费用组成。在监测阶段，从2018年7月1日至2018年7月28日，人员费、住宿费、交通费、装备

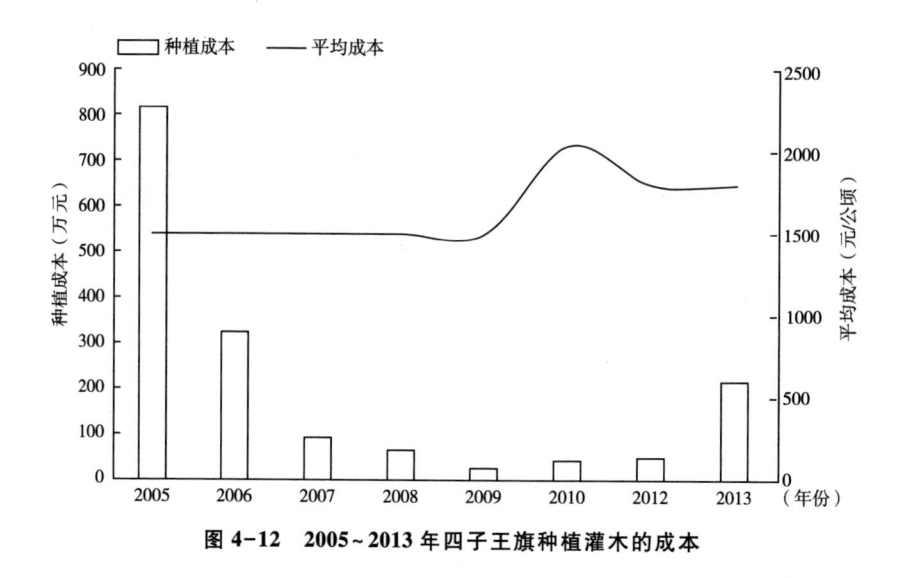

图 4-12　2005~2013 年四子王旗种植灌木的成本

费、GPS 费、伙食费等费用共计 85520 元。通过向三家咨询服务公司询价，编制项目设计文件（PDD）和监测报告（MR）的费用分别约为 20 万元和 10 万元。同一指定经营主体提供的审定和核证服务费用分别为 15 万元和 10 万元。在交易阶段，碳交易的交易服务费为成交额的 0.5%，为 41484 元。因此，在四子王旗项目中，灌木碳交易的总交易费用为 677004 元。

表 4-10　灌木碳交易的交易成本

成本类型	事项	单位	数量	单价（元）	金额（元）
监测	人员	人·天	114	180	20520
	住宿	间·天	60	250	15000
	交通	辆·天	30	800	24000
	装备	套	6	600	3600
	GPS	个	5	2200	11000
	伙食	人·天	114	100	11400
咨询	项目设计文件	个	1	200000	200000
	监测报告	个	1	100000	100000
审定核证	审定费	个	1	150000	150000
	核证费	个	1	100000	100000
交易服务		交易的 0.5%	276563.2		41484
总成本					677004

(4) 碳交易的收益

碳汇将在环境交易平台销售。我国有9家环境交易所,其中北京环境交易所的交易价格较高,为25~40元/t CO_2e。碳汇总量为276563.20t,碳交易收益从6914080元到11062528元人民币不等。

(5) 灌木碳交易的权衡

以四子王旗示范项目为基础,成本和收益分别为16931776元和11062528元人民币。灌木碳交易只能收回项目成本的65.34%。从经济角度看,四子王旗项目是不可行的(见表4-11)。

表4-11 灌木碳交易成本和收益的权衡

权衡	类型	金额(元)
成本	造林成本	16254772
	管理和运行成本	0
	机会成本	0
	交易成本	677004
收益	碳交易收入	11062528

实现四子王旗项目成本与收益平衡的潜在方法有三种:获得更高的碳价、获得更多的碳汇或削减成本。然而,项目碳汇已经测算完毕,在本监测期内不可能增加,而且很难降低造林和交易成本。如表4-12所示,将CCER价格从40元人民币提高到61.22元人民币,提高到示范项目的收益16931776元人民币,能够弥补成本。

表4-12 实现DGR的成本和效益之间平衡的关键参数分析

关键参数分析	成本 C_c(元)	单位面积碳汇(t CO_2e/hm^2)	CCER价格(元)	收益 B_c(元)	说明
当前情况	16931776	1.89	40	11062528	当前面积、碳价和单位面积碳汇
CCER价格			61.22	16931776	面积不变,汇价上升
每公顷碳汇		2.89		16931776	面积不变,单位面积碳汇增加

2. 草地碳交易项目的组织

（1）DGR 碳交易结构图

图 4-13 显示的是 DGR 碳交易结构图，其中标明了参与示范项目的参与者。下面根据定性和定量分析对该图进行解释。

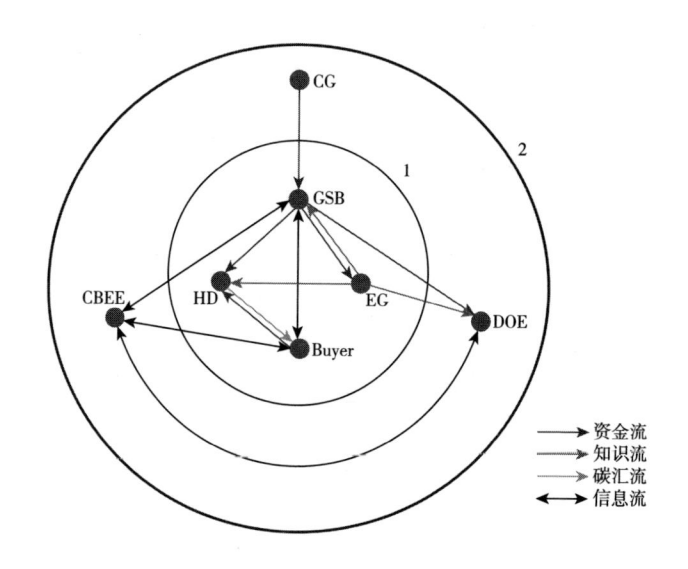

图 4-13 DGR 碳交易结构

注：该图显示了示范项目的组织结构，内环的参与者发挥了关键作用，内环和外环之间的行为者是重要利益相关者。HD 为牧民；GSB 为四子王旗政府；EG 为项目专家组；Buyer 为碳汇买方，即能源企业；CBEE 为北京环境交易所；DOE 为指定经营实体；CG 为中央政府。

参与者具有重要的作用。在项目启动阶段，专家组向当地政府提出了关于四子王旗碳交易示范项目的建议。四子王旗政府在网络中具有重要地位，他们联系了所有的利益相关者，组织了整个示范项目。他们从北京环境交易所和潜在买家处收集信息，判断可行性；此外，他们还征集具有碳交易潜力、愿意准备项目资料的牧民，指定的经营主体为碳交易的真实性提供认证服务。而中央政府推出 BTSSC 投资灌木种植。总的来说，该网络显示了来自不同行业的参与者的多样性（见表 4-13）。

资金从中央政府流向地方政府，大部分资金被牧民用于种植灌木。专家组和指定经营实体也有偿提供认证和验证服务。专家提供专业知识，帮助当地政府和牧民准备项目设计书（PDD）和监测报告（MR），以及应对指定经营实体的质疑。当地政府、买方和北京环境交易所之间有密切的信息沟通，落实碳交易细节。牧民与买方之间进行碳汇交易（见图4-13）。

从联系/网络的角度，我们可以看到各参与者的重要性。地方政府与所有其他参与者之间有7个链接，这意味着地方政府发挥了核心作用。牧民、项目专家组和买家均有4个链接，其中3个链接位于核心圈。中央政府、交易平台和指定经营实体之间的联系相对较少，他们为项目提供了一般性支持。因此，它们属于示范项目的外部利益相关者（见表4-13）。

表4-13　DGR碳交易参与者及其对项目的贡献

行动者	角色	贡献	链接（个）
牧民（HD）	草地所有者	提供土地	4
四子王旗政府（GSB）	项目组织	组织	7
中央政府（CG）	资金投资	投资	1
项目专家组（EG）	咨询	专业知识	4
北京环境交易所（CBEE）	交易平台	碳市场	3
能源企业（Buyer）	买方	碳汇需求	4
指定经营实体（DOE）	第三方	审定服务	3

碳市场具有复杂的结构，因此参与碳汇市场需要的专业知识往往超出了地方官员和土地所有者的能力范围。根据我们的访谈，四子王旗林业局的两名工作人员曾经接受过上级行政部门的碳汇交易培训。他们了解碳交易的概念和基本框架，但对不同碳库的计算、PDD和MR的编制、与DOE的合作以及寻找买家的流程、交易合同的谈判等都不清楚。造成这些不足的主要原因是，碳交易被认为不属于主要业务的范围。工作人员表示，这是一项"有意义但很费力的工作""几乎不可能单独完成"。另外，牧民对碳市场的概念认知不够，他们往往把碳交易当作"政府补贴"，希望当地政府能够帮助他们代为申请获得"碳补贴"。因此，由专家组作为项目顾问帮助实施示范项目是克服知识空白的关键。

（四）案例总结

通过成本和收益核算，探讨低碳密度生态系统（LCDE）碳交易的可行模式，并揭示在当前碳价下，LCDE 项目的碳交易难以取得良好收益。在所调查的案例中，可以得出这样的结论：成本高于利润是 LCDE 碳交易的最大障碍。在当前碳价水平下，LCDE 参与碳交易几乎不可能获得利润。这一特点甚至部分解释了中国 ETS 中 LCDE 碳交易的缺乏。为了克服成本问题，利益转移模式必不可少。生态系统修复行动的成本由中央政府支付，而碳交易的收益则给予草原所有者，为草原所有者参与碳交易提供足够的激励。综上所述，LCDE 的碳交易不应作为一个纯粹的商业项目来对待，考虑到大规模组织和专业知识的稀缺性，公私合作网络是一种可持续的手段，让地方政府、专家组、民营企业和草原所有者共同参与，完成 LCDE 的碳交易过程。我们的研究结果可以为政府动员更多的低碳密度生态系统进入碳市场，实现碳中和提供政策依据。对于 LCDE 碳交易的未来，激励性碳价格和明确公共投资的碳收益所有权是需要进一步探索的政策问题。

五 山东滨州"种养结合"减污降碳案例

在山东省滨州市，以小麦深加工产生的酒糟为饲料主体，经高温杀菌等处理，再配入麸皮、玉米面形成特有的液态蛋白饲料，用于生猪养殖；引入酒糟废液与猪粪湿式共发酵回收沼气，突破了纳米铁强化发酵技术，保障了北方冬季低温环境下正常发酵产沼气；以养殖废水为培养基优选植物促生菌和发酵剂微生物菌株，制成高品质生物菌肥；明确沼液中小麦、玉米萌发的毒性因子及阈值，在揭示氮素迁移转化和作物需肥规律的基础上，明确了沼液还田最佳稀释倍数和适宜消纳量；打通产业链上下游关键环节，构建了"高效种植—生态养殖—废弃物资源化能源化利用"的种养结合减污降碳技术模式。年产沼气 720 万立方米，年产沼液 48 万吨，可替代尿素 1759 吨、磷酸二铵 613 吨、硝酸钾 1728 吨。沼肥应用于农田，能够有效改善土壤结构，实现绿色种养循环农业。通过定位监测分析 38% 的畜禽粪肥替代比例可以在保障粮食产量的同时最大幅度减少 N_2O 排放量。与纯施化肥相比，该模式示范推广的 50 万亩农田可减少 6 万吨 N_2O 排放量。实现了种植、养殖、能源、环境的协同发展。滨州项目为"种养结合"

实现减排固碳提供技术路径。山东滨州"种养结合"减污降碳模式如图 4-14 所示。

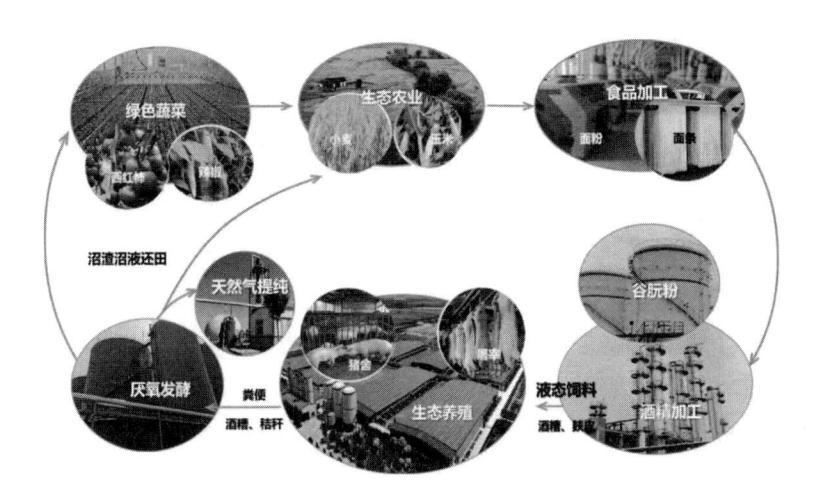

图 4-14 山东滨州"种养结合"减污降碳模式

图书在版编目(CIP)数据

中国农业农村低碳发展报告.2023／中国农业科学院农业农村碳达峰碳中和研究中心，中国农业科学院农业环境与可持续发展研究所编著.--北京：社会科学文献出版社,2023.4
　ISBN 978-7-5228-1672-2

　Ⅰ.①中…　Ⅱ.①中…　②中…　Ⅲ.①节能-农业经济发展-研究报告-中国-2023　Ⅳ.①F323

中国国家版本馆CIP数据核字(2023)第060655号

中国农业农村低碳发展报告（2023）

编　　著／中国农业科学院农业农村碳达峰碳中和研究中心
　　　　　中国农业科学院农业环境与可持续发展研究所

出 版 人／王利民
组稿编辑／任文武
责任编辑／方　丽　张丽丽
责任印制／王京美

出　　版／社会科学文献出版社·城市和绿色发展分社（010）59367143
　　　　　地址：北京市北三环中路甲29号院华龙大厦　邮编：100029
　　　　　网址：www.ssap.com.cn

发　　行／社会科学文献出版社（010）59367028
印　　装／三河市东方印刷有限公司

规　　格／开　本：787mm×1092mm　1/16
　　　　　印　张：10.5　字　数：169千字
版　　次／2023年4月第1版　2023年4月第1次印刷
书　　号／ISBN 978-7-5228-1672-2
定　　价／88.00元

读者服务电话：4008918866

版权所有 翻印必究